TEXT+KRITIK

Heft 116
JURJEK BECKER
Oktober 1992

INHALT

Anstiftung zum Verrat

Das Selbstverständliche, das beinah wie Schlaf ist, kurz unterbrechen. Ein paar Minuten ohne die bewährten Argumente auskommen. Dann eine Stunde, dann einen Tag. Ein Spiel spielen: Die Rolle seines Feindes übernehmen. Doch nicht absichtlich stümperhaft, sondern mit allem Ehrgeiz. Bis die Furcht, sich als der eigene Feind überzeugend zu finden, sich nach und nach verliert. Nicht gleich verzweifeln bei dem Gedanken: Warum eigentlich nicht. Er ist die Seele des Spiels.

Das Spiel erst dann beenden, wenn die Rolle leergespielt ist. Ohne Ungeduld auf diesen Augenblick warten. Kommt er nicht, dann immer weiterspielen, im Notfall bis ans Ende.

Jurek Becker

Heinz Ludwig Arnold

Gespräch mit Jurek Becker

Herr Becker, hat die Wiederbegegnung mit Ihrem Vater so ähnlich stattgefunden, wie Sie das für Aron Blank und seinen Sohn Mark im »Boxer« beschrieben haben?

Nein. Die war ganz anders. Ich lag damals in einem Lazarett, das aus einem Teil des Lagers Sachsenhausen gemacht worden war. Ich war sieben Jahre alt und konnte nicht laufen, und die Bettkanten waren ziemlich scharf, aus früheren Doppelstockbetten waren Einetagenbetten gemacht worden, und ein Mann kam rein ins Zimmer, den ich nie gesehen hatte: mein Vater, an den ich mich nicht erinnern konnte. Und eine Schwester hob mich aus dem Bett, um mich ihm zu geben, und dabei ritschte sie mein Schienbein über einen dieser abgesägten Bettpfosten und riß es auf. Es tat mörderisch weh, und ich schrie, und mein Vater stürzte sich auf diese arme Frau, weil die sein Kind so quälte. Das war meine erste Begegnung mit meinem Vater nach dem Krieg, und dies ist nicht in dem Buch beschrieben.

Wie gehen Sie denn mit Ihren Erlebnissen und Erfahrungen um, wenn Sie Romane oder Erzählungen schreiben? Ich vermeine in Ihren Büchern viel Selbsterfahrung zu spüren, wenn auch nicht unbedingt unmittelbar Erlebtes.

Das meiste, was ich erlebe, ist nicht gut genug, um es aufzuschreiben. Ich nehme mir davon, was ich brauche. Manchmal erfinde ich Erlebtes solange um, wie ich es gern erlebt haben möchte. Denn nicht alles, was ich erlebt habe, möchte ich ja gerne erlebt haben.

Aber es ist einfach zu sagen, daß das, was ich schreibe, auf Erlebnissen basiert. Ich erfinde mir eine Geschichte zusammen, mache mir eine Geschichte zurecht, und nur insofern von mir Erlebtes für diese Geschichte von Belang ist, taucht es darin partiell auf. Das hat natürlich nichts mit Erfahrung zu tun. Erfahrungen spielen eine größere Rolle in dem, was ich schreibe.

»Irreführung der Behörden« oder »Schlaflose Tage« haben doch sehr deutlich mit Ihrem Leben in der DDR etwas zu tun. Aber wie sieht das aus mit den Büchern, des, sagen wir mal, jüdischen Komplexes. Sie selbst haben ja kaum mehr Erinnerungen an Ghetto oder KZ und haben sich doch die Anschauung für diesen Komplex erst erarbeiten müssen?

Die habe ich mir zu großen Teilen erfinden müssen. Vieles, was in diesen Büchern vorkommt, sowohl Konstellationen wie auch, wenn Sie so wollen, Theorien, sind nicht Resultate von Erleben, sondern Resultate von Interesse, von Recherchen, weil man damit beschäftigt sein will. Also eine Art nachträgliche Anteilnahme und nicht direkte.

Welche Rolle spielt eigentlich Ihr Vater bei dieser Erarbeitung des Materials für Ihre Bücher?

Bei den Büchern, die mit jüdischer Problematik zu tun haben, spielt er eine ganz ausschlaggebende Rolle, denn er war sozusagen meine einzige Brücke zu dieser Welt. Bei den anderen spielt er eine geringere Rolle, außer wenn Väter auftauchen. Da spielt er natürlich auch eine.

Sie haben mir einmal gesagt, daß »Jakob der Lügner« aus einer Geschichte entstanden ist, die Ihnen Ihr Vater erzählt hat; aber dann haben Sie die Geschichte doch ganz anders aufgeschrieben, als Ihr Vater sie Ihnen mitgeteilt hat.

Also es war für meinen Vater ein harter Schlag, daß ich Schriftsteller wurde. Er wollte lieber einen Arzt aus mir machen. Als er sich einmal damit abgefunden hatte, hat er eines Tages zu mir gesagt, er wolle mir, da ich nun mal Schriftsteller sei, eine Geschichte erzählen, die ich aufschreiben müßte. Er dachte sich das als eine Art Geschenk. Er habe im Ghetto Lodz einen Mann gekannt, der ein großer Held gewesen sei, sagte er, und über diesen Helden sollte ich schreiben, ihm sozusagen ein Denkmal setzen. Ich fragte ihn, was war das für ein Mann, und er erzählte mir, es habe dort einen Mann gegeben, der hatte ein Radio versteckt, was bei Todesstrafe verboten war. Er hat mit diesem Gerät Radio Moskau, Radio London gehört und hat gute Nachrichten bei den anderen verbreitet, und somit quasi Hoffnung. Eines Tages ist das der Gestapo zu Ohren gekommen, wie nahezu alles Verbotene, durch Spitzel vielleicht, durch eine Unvorsichtigkeit, und dieser Mann ist verhaftet und erschossen worden; und mein Vater sagte, dieser Mann war ein Held, über ihn solltest du schreiben. Ich fand auch, daß dieser Mann ein Held war, aber ich hatte keine Lust, über ihn zu schreiben; denn fast immer, wenn ich über diese Zeit gelesen habe, war von diesem Mann die Rede, über solche Menschen und über solche bewundernswerten Helden. Es schien mir unergiebig, noch einmal darüber zu schreiben. Ich habe die Geschichte wieder vergessen, bis mir ein Einfall kam, den man vielleicht einen künstlerischen nennen könnte, der jedenfalls zu meinem ersten Buch geführt hat. Und mir fiel dieselbe Geschichte ein, mit dem Unterschied, daß die anderen nur denken, daß der Mann ein Radio hat, der hatte in Wirklichkeit aber keines.

Was mir auffällt an all den Büchern, die mit dem jüdischen Komplex zu tun haben, also mittelbar oder unmittelbar auch mit Ihrem Vater: Es ist eine gewisse Revolte gegen den Vater zu spüren. Auch wenn Sie dessen Geschichte von Jakob auf Ihre Weise umsetzen, ist das ja eine Art von Revolte gegen die Vorstellungen des Vaters. Gibt es da ein Ringen mit dem Vater, Auseinandersetzungen über den richtigen Weg zu leben. War Ihr Vater für Sie ein Vorbild, gerade weil Sie sich an ihm abarbeiten mußten?

Ich glaube, ich habe Lust, Ihnen da zu widersprechen. Nicht daß ich mich darauf berufe, meinen Vater besser gekannt zu haben als Sie; aber das, was Sie eine Revolte gegen ihn nennen, daran kann ich mich eigentlich nicht erinnern. Was Sie aus den Büchern oder Geschichten, die mit ihm zu tun haben, ersehen können, ist vielleicht eine Art zu revoltieren gegen seine Art, Geschichten zu erzählen, mit der ich nicht so einverstanden war. Er hatte gewisse Techniken des Geschichtenerzählens, die fand ich toll, aber Geschichten hatten für seine Begriffe ein Quantum an Rührung zu enthalten, das mir nicht gefiel. Das hat sicher mit unserem unterschiedlichen Alter und auch mit unseren unterschiedlichen Biographien zu tun. Wissen Sie, mein Vater hatte eine Art Knopf auf der Brust, und wenn man da draufdrückte, kam, beim Erwähnen bestimmter Themen, die Rührung. Ich habe diesen Knopf nicht, und nicht nur das; wenn jemand diese Rührung zu produzieren versucht, werde ich mürrisch und ungeduldig und fühle mich eigentlich unangenehm berührt.

Das ist dieser Knopf ›Denkmal setzen für die Vergangenheit‹.

Richtig. Eine andere Sache ist, daß zur Darstellung des Verhältnisses von Vater und Sohn in Büchern nun einmal die Darstellung der Auseinandersetzung zwischen Vater und Sohn gehört. Das findet statt, in einem mir vertretbar erscheinenden Maße.

Ihr erstes Buch »Jakob der Lügner« hat einen doppelten Schluß. Einen gelungenen, wie Sie sagen, vom Erzähler gewünschten: Jakob flieht, er wird erschossen, und in derselben Stunde befreien die Russen das Lager. Und einen realistischen, einen nichtswürdigen Schluß, wie Sie sagen: Es gibt keine Befreiung, sondern die Gefangenen werden abtransportiert, vermutlich in ein Vernichtungslager. Auch diese sogenannte ›gelungenere‹ Lösung ist tragisch: Jakob stirbt, aber alle anderen werden gerettet. Warum gaben Sie dem Buch diese beiden Schlüsse? War die ›gelungenere‹ Lösung gleichsam DDR-gemäßer? Und würden Sie dem Buch heute noch einmal zwei Schlüsse geben? Und würden Sie den ›gelungeneren‹ Schluß immer noch als den besseren bezeichnen?

Ich muß jetzt so tun, als ob ich mich an die Motive genau erinnere, obwohl das Buch vor über 20 Jahren geschrieben wurde. Die zwei Schlüsse haben zum einen mit der Logik des Geschichtenerzählens zu tun. Hier erzählt ein Ich eine Geschichte, die es nur partiell kennt und deren Lücken es mit seiner Phantasie ausfüllt. Das geschieht das ganze Buch über. Der Erzähler versucht, hinter eine Geschichte zu kommen, und sein einziges Geländer, an dem er sich halten kann, ist die Wahrscheinlichkeit. Was das Ende angeht, so steht es im Grunde als einziges in der ganzen Geschichte fest, denn man weiß, was das Schicksal von Juden im Krieg gewesen ist. Aber zu der schönen Geschichte, die er sich da zum Teil ausgedacht hat, will es ihm nicht gefallen. Also führt er vor, was für ein Ende er gewählt hätte, wenn er es zu entscheiden gehabt hätte. Ich gebe ja nicht das Bild der Historie, wie sie gewesen ist, sondern ich erzähle eine Story und benutze die Geschichte des Weltkriegs auf eine Weise, wie ich sie für die Geschichte brauche; aber was dieses Ende angeht, so sind mir gewisse Grenzen gesetzt.

Durch die Realität?

Durch die Realität. Danach habe ich mich zu richten. Viel lieber hätte ich das Ghetto, von dem die Rede ist, als befreit beschrieben. Dummerweise weiß ich aus den Büchern, daß es kein einziges Ghetto während des Krieges gab, das befreit wurde. Alle, alle ohne Ausnahme wurden von den heranrückenden Alliierten aufgelöst. Ich glaube nicht, daß diese Geschichte intendiert war von einer DDR-Situation, in der ich mich befand. Ich glaube, wenn ich heute das Buch schriebe – das ist eine sehr hypothetische Antwort – und in derselben Stimmung wäre wie damals und mir ein ähnliches Konzept gemacht hätte, dann würden diese Schlüsse wohl heute noch dastehen.

Aber an eine bestimmte offene Form haben Sie damals nicht gedacht, an ein offenes Erzählen – das war damals nicht in ihrem Kopf?

Oh, ich habe Kritiken über das Buch gelesen, die mir die Schuhe ausgezogen haben. Jemand, der ein erstes Buch schreibt, ist kein Schriftsteller. Danach ist man Schriftsteller. Man schreibt ein erstes Buch als jemand anderes, und ich wußte nichts von Moden und Trends und Theorien, die, was Schlüsse oder was Fabelführung angeht, aufgestellt waren, und ich war sehr verwundert, welche Zeitströmungen ich alle berücksichtigt haben soll. Vielleicht habe ich es getan ohne es zu wissen, vielleicht hat mir der Zeitgeist die Feder geführt.

Ich glaube auch, daß die Schriftsteller nicht all das realisieren, was die Kritiker oder die Germanisten hinterher herausinterpretieren.

Vielleicht ist es ein Glück für die Literatur.

Im »Boxer« leidet Aron noch immer am Lager. In »Bronsteins Kinder« geht es um eine Rache nach vielen Jahren an einem KZ-Aufseher, den Bronstein mit Freunden aufgespürt hat. Normalität des Lebens nach solchen Erlebnissen will sich nicht herstellen. Aber was ist Normalität des Lebens eigentlich für Sie? Ist es das individuelle Glück, also fast ein Ideal? Oder ist Normalität eine Form von Opportunismus?

Opportunismus ist tatsächlich ein Thema, das mich immer interessiert hat. Ich versuche, vor allem im »Boxer«, dieses Wort ›Über-etwas-nicht-hinwegkommen-können‹, was man so leicht dahinsagt, in Handlung zu fassen.

Was bedeutet das, mit einer Vergangenheit nicht fertig zu werden? Bedeutet das, immer an etwas denken zu müssen? Oder bedeutet das eine Art Verhaltensstörung, bedeutet das eine Phobie? Ich versuche, daraus eine Handlung zu machen. In »Bronsteins Kinder«, dessen Ereignisse ja weit danach liegen, also 30 Jahre nach dem Krieg, scheint mir, wollte ich darüber schreiben, wie ein Stück Vergangenheit wiederkommt zu jemandem, der sich fälschlicherweise schon eine lange Zeit für normal gehalten hat, was immer das heißt. Ich finde es nicht schädlich, eine bestimmte Art von Zufriedenheit anzustreben, mit seinen Umständen auskommen zu wollen; ein Teil jeder Existenz ist Anpassung, anders läßt sich wahrscheinlich gar nicht leben. Der Rund-um-die-Uhr-Rebell, der, der rund um die Uhr die Umstände nicht akzeptiert, wird in frühem Unglück eingehen. Jeder muß für sich Grenzen ziehen. Wie weit er Grenzen festlegt, wie weit er im Akzeptieren geht, und wo das Inakzeptable anfängt – das kann naturgemäß nicht für jeden dasselbe sein.

Also die Utopie auf keinen Fall aus den Augen verlieren oder aus dem Kopf?

Für Intellektuelle sollte das schon ein wichtiges Ding sein.

Schriftsteller in der DDR gewesen zu sein, was bedeutete das? In Ihrem Roman »Irreführung der Behörden« haben Sie es beschrieben: Ein junger Mann hat Ideen und Phantasie. Er fängt an zu schreiben. Er hat anfängliche Erfolge. Er geht dann zum Film und kann dort gutes Geld verdienen, muß dabei aber zunehmend Rücksicht nehmen. Seine Phantasie schleift ab. Er wird zum Opportunisten. Er paßt sich den Forderungen an. – Sie gingen den umgekehrten Weg. »Jakob der Lügner« war erst ein Filmdrehbuch – Sie haben in der DDR viele Filmdrehbücher geschrieben –, dieses Drehbuch wurde abgelehnt, daraufhin schrieben Sie, gleichsam aus Trotz, dasselbe Thema als Roman. Und das Buch wurde ein Erfolg. Hat Sie dieser Erfolg ein bißchen aus den bürokratischen Zwängen befreit oder wenigstens freier gemacht? Also noch einmal die Frage: Schriftsteller in der DDR gewesen zu sein, was bedeutete das?

Ich glaube, das bedeutete etwas anderes als in der Bundesrepublik. Literatur in der DDR hatte in der Vergangenheit bei vielen Leuten einen erheblich höheren Stellenwert als hier. Nach meiner Überzeugung aber nicht deswegen, weil diese Menschen literaturinteressierter waren als hier, sondern weil Literatur in der DDR eine Art Ersatzfunktion übernommen hatte. In der Literatur war es zu großen Teilen zumindest noch möglich, eine Art von Meinungsverschiedenheit auszutragen, die in den Medien der DDR undenkbar war. Da fand ein Streit statt, der nicht im Film, nicht im Kino, nicht im Fernsehen, nicht in den Zeitungen stattfand. Literatur hatte also aus ideologischen und politischen Gründen eine Art von Ansehen, und nicht aus literarischen Gründen. Insbesondere auch, sagen wir mal so, dissidentische Literatur. In der Bundesrepublik wird Literatur in erster Linie von Literaturinteressierten konsumiert.

Aber welche Rolle spielten Literatur und literarisches Leben in der DDR für einen Schriftsteller dort, welche Rolle spielte die Parteizugehörigkeit? Sie waren in der SED. Der Schriftstellerverband, Sie haben das einmal gesagt, sei auch zum Teil eine Art zweite Heimat gewesen – das sind recht positive Gefühle, die Sie da beschrieben haben. Bedingte das aber nicht eben auch auf der anderen Seite eine Art von Abhängigkeit, von Bevormundung, war das nicht etwas wie pädagogische Gefangenschaft?

Nach meiner Überzeugung ist der wichtigste Antrieb zum Schreiben von Literatur Unzufriedenheit, eine Art von Nichteinverständnis. Das war wohl in der DDR nicht anders als in aller Welt. Im Unterschied zur Bundesrepublik war es in der DDR aber kaum möglich, auf andere Weise als in den Büchern ein Nichteinverständnis auszudrücken. Wenn ich hier politische Ambitionen habe, dann kann ich zu einem Gewerkschaftskongreß gehen und dort mich zu Wort melden, oder ein Interview machen, oder einen Artikel schreiben. Das war mir in der DDR weithin unmöglich. Ich glaube, daß Schriftsteller in der DDR sich im großen und ganzen politischer sahen und verstanden als Schriftsteller in der Bundesrepublik. Ich will nicht entscheiden, und das ist wohl kaum zu entscheiden, was die bessere Sicht auf Literatur ist. Aber diese Tendenzen sehe ich ganz deutlich.

Sie haben einmal gesagt, Sie würden Politik aus Ihrer Literatur am liebsten heraushalten. Aber geht das überhaupt? Und ging das in der DDR? Denn die Politik wollte ja alle und alles erreichen und durchdringen.

Ich weiß nicht, ob ich Politik aus der Literatur heraushalten möchte. Was ich bestimmt nicht machen möchte, ist, um bestimmter politischer Absichten willen ein Buch schreiben. Dafür habe ich zuviele politische Absichten und schreibe zu wenig Bücher. Das geht einfach nicht. Eine Geschichte verträgt nur insoweit meine Überzeugung, wie es fürs Geschichtenerzählen notwendig ist, und das ist ein sehr geringes Maß. Ich schreibe ja nicht eine Geschichte, um mir Ansichten aufzuladen und diese Ansichten ein Stück weiter zum Leser zu transportieren. Darunter würde mir fast jede Geschichte zusammenbrechen.

Was ja nicht besagt, daß Literatur nicht dennoch auch ein politisches Phänomen ist?

Ich meine, daß Schriftsteller auf andere Weise ihre Überzeugungen und Ansichten in Büchern unterzubringen hätten, als sie hinzuschreiben. Das ist dann wohl das, was man Literatur nennen könnte.

Sie waren anfangs doch recht überzeugt von der DDR als Lebensraum, auch als System – wann fing dieses Verständnis eigentlich an, unsicher und bröckelig zu werden? Wodurch?

Ich bin zum einen von der Sowjetarmee befreit worden, aus einem Lager. Mein Vater ist von der Sowjetarmee befreit worden. Das hat auf ganz gravierende Weise seine Sicht der Welt bestimmt. Bis er gestorben ist, im Jahre 1973, hat er dafür eigentlich immer Dankbarkeit empfunden. Ich bin in der DDR Junger Pionier gewesen, dann bin ich in die FDJ eingetreten und habe schon während der Studentenzeit Meinungsverschiedenheiten mit der Partei gehabt, die dazu führten, was man in der DDR Parteiverfahren nannte. Aber das schienen mir immer Geschichten und Probleme sozusagen unter uns zu sein, Schwierigkeiten von Gleichgesinnten. Und in den Parteiversammlungen ging es immer relativ heftig zu. Aber ich wäre nie auf die Idee gekommen, das auf den Markt zu tragen. Irgendwann tauchte bei mir dann der Verdacht auf, daß die Möglichkeit, in der Parteiversammlung über alles zu streiten, als eine Art Ventil erfunden worden ist...

... ohne Wirkung?

... ohne Wirkung. Ganz deutlich wurde mir das nach dem Einmarsch der Warschauer Pakt-Truppen in die Tschechoslowakei. Da war im Schriftstellerverband viel los – aber nichts davon drang nach außen, auch nicht das geringste. Es war also immer noch eine Art von Loyalität da, die mir plötzlich überholt zu sein schien. Und kurze Zeit später – dieser Einmarsch 1968 war eine Art Zäsur in meinem Verhältnis zu DDR – habe ich mich dann nicht getraut, aber genötigt gefühlt, Äußerungen öffentlich zu machen, die ich vorher nur unter Freunden gemacht habe.

Dann kam es zum Knall. Aber vorher waren Sie, so um die Mitte der siebziger Jahre, ein gutsituierter DDR-Schriftsteller – 1975 Nationalpreis der DDR, Bremer Literaturpreis auf der anderen Seite – Mitglied der SED, Mitglied im Vorstand des Schriftstellerverbandes. 1976 erschien »Der Boxer«. Und das war eben dieses Jahr, in dem Wolf Biermann ausgebürgert wurde mit den bekannten Folgen: Zahlreiche Autoren und Künstler protestierten; es begannen die abgestuften Sanktionen und der Exodus der Autoren in die BRD. Sie wurden aus der SED ausgeschlossen. 1977 verließen Sie dann aus Protest den Schriftstellerverband, und seit Ende 1977 leben Sie in West-Berlin. Hat das alles bei Ihnen, trotz des solidarischen Protests usw., auch Ängste ausgelöst? Oder fanden Sie, daß damit etwas zu einer Entscheidung getrieben wurde, was eigentlich längst fällig war?

Nein, Ängste hat es nicht ausgelöst. Es hat ein großes Bedauern ausgelöst. Wenn ich mal auf sehr überspitzte Art und Weise dieses Bedauern formulieren sollte, würde ich sagen, ich fand es eigentlich schlimmer für die DDR, daß solche wie ich, ich will nicht sagen, weggehen mußten, jedenfalls weggegangen sind, als für diejenigen, die weggegangen sind. Ich dachte, ein Jammer, daß deren Potenz und deren Vielfalt und deren Power auf einmal nicht mehr da sind. Und die Schuldigsten am Zustand der DDR scheinen mir diejenigen zu sein, die die ideologischen Pressionen in der DDR geschaffen haben; ohne die wäre die DDR-Wirtschaft übrigens auch in einer anderen Situation. Ich habe in einem Artikel etwas sehr Merkwürdiges geschrieben, ich habe geschrieben: In den letzten Monaten wurde also der Chef der Regierung zuerst abgesetzt und dann verhaftet; dann wurde der Chef der Wirtschaftsbehörde zuerst abgesetzt und dann verhaftet; dann wurde der Chef der Gewerkschaft zuerst abgesetzt und dann verhaftet; dann wurde der Chef der Kultur abgesetzt, aber nicht verhaftet. Das scheint mir von einer Unterschätzung, von einer unbewußten Unterschätzung von Kultur zu zeugen.

Daß er nicht verhaftet wurde?

Nicht, daß ich mir das wünsche, aber ich glaube, man schätzt nicht richtig ein, wieviel Bedeutung für den Zustand eines Landes Regelung und Pressionen auf diesem Gebiet haben.

Sie haben damals auf die Ereignisse um Biermann und den Exodus der Schriftsteller sehr schnell literarisch reagiert: mit dem Roman »Schlaflose Tage«. Es ist ein Buch, das für mich wie ein Gegenbild zur »Irreführung der Behörden« wirkt, wie eine große Metapher vom Abschied. Gewohnheiten, Orte, Menschen werden fremd, aber die Beunruhigung, die mit diesem Fremdwerden einhergeht, wird am Ende des Buches als möglicher Gewinn bezeichnet; war es einer?

Das ist eine ambivalente Frage. Das, was ich dort als Gewinn für möglich halte, das bezieht sich ja auf eine Figur, an der ich das vorgeführt habe. Die Frage, die Sie stellen, richtet sich aber ganz eindeutig an mich. Sie fragen mich, wenn ich Sie recht verstehe, ob ich den Weggang, die Veränderung in meiner privaten Situation, als einen Gewinn ansehe.

Ja, aber daran anschließend gleich auch die Frage, ob das Schreiben dieses Buches nicht auch eine Art von Befreiung war?

Eigentlich schreibe ich nicht, um mich zu befreien, also wie man eine Notdurft verrichtet, oder um mir das Herz zu erleichtern. Das Motiv für Bücher ist das Finden einer Geschichte, die ich für erzählenswert halte; und sie muß mir wichtig genug vorkommen. Das hängt natürlich ganz entscheidend von der jeweiligen Situation, auch von der biographischen Situation ab, in der ich bin. Damals schien es mir so, als sei dies eine wichtige Geschichte. Ich will Ihnen nicht sagen, wie ich heute darüber denke, aber ich kann Ihnen sagen, daß fast immer, wenn ein Buch von mir gedruckt ist, mich schnell ein großes Unglück befällt. Das gedruckte Buch scheint mir sehr schnell immer wie ein Entwurf für ein Buch, aber nicht wie ein Buch; wenn ich es dagegen noch als Manuskript in der Hand habe, weiß ich nicht mehr, was ich damit machen soll, und gebe es einem Verlag. Und auf merkwürdige Weise öffnet mir der Druck die Augen, aber dann ist es zu spät.

Ich weiß, daß Sie Max Frisch sehr schätzen. Frisch hat sich mal als eine Art »Notwehrschriftsteller« bezeichnet. Können Sie damit etwas anfangen?

Nein, dieses Motiv habe ich eigentlich nicht. Ich bin vielleicht ein Notwehrjournalist. Einer schnellen Not versuche ich mit einem Artikel oder mit einem Essay beizukommen. Aber sagen wir mal, ich empfinde heute einen Ärger, der mich zum Schreiben drängte, dann schließe ich mich mit diesem Ärger zwei Jahre in ein Zimmer, so lange dauert bei mir leider meist ein Buch, und dann ist nach einem halben Jahr der Ärger verflogen, aber ich stehe da mit einem angefangenen Manuskript und bin noch nicht sehr weit. Also, ein momentaner Ärger kann für mich nicht Ausgangspunkt eines Buches sein.

Sie haben mir in einem anderen Gespräch einmal gesagt, über eines Ihrer Bücher hätten Sie sich nachträglich am meisten geärgert: über »Irreführung der Behörden« – weil Sie sich in diesem Buch selbst auf den Leim gegangen seien.

Ich erinnere mich nicht, was ich Ihnen damals gesagt habe, aber ich erinnere mich, daß mir dieses Buch sehr unfertig zu sein schien. Ich habe immer die größten Probleme, meine eigenen Anforderungen an Literatur, die ich bei anderen Schriftstellern so merkwürdig deutlich sehe und bei mir gar nicht, zu erfüllen. Mit diesem Buch scheinen sie mir besonders nicht erfüllt zu sein.

Sie geben ja oft, wenn Sie sich äußern, vor, unzufrieden mit sich selbst zu sein. Wie sind denn Ihre Maßstäbe beschaffen?

Ich habe als Achtjähriger angefangen, Deutsch zu lernen. Das hat wahrscheinlich mein Verhältnis zur Sprache geprägt. Sprache zu lernen war für mich ein sehr bewußter Vorgang. Ich wollte, so schnell es irgend geht, von dem Manko runterkommen, nicht richtig Deutsch zu können. Ich wollte vorführen, wie ich die Sprache beherrsche. Lange schien mir das ein Vorteil, ich kam mir wie ein sehr formbewußter Autor vor. Heute scheint mir das eher ein Nachteil zu sein. Als Leser bewundere ich Autoren, die auf spielerische Weise mit Sprache umgehen, die, das habe ich mal in einem Vortrag gesagt, die Sprache zerbrechen, um nachzusehen, was drin ist. Ich spreche aber und ich schreibe außerordentlich genau und präzise und korrekt, so als wollte ich heute noch zeigen, daß ich es kann. Und meine Versuche, es anders zu machen, kommen mir selbst absurd vor, so als schlüpfte ich in eine Rolle, die nicht meine ist.

So daß man manchmal das Gefühl haben kann, daß Sie als Autor neben Ihrer Sprache stehen, sich beim Sprechen selbst beobachten?

Vielleicht. Mir kommt mein Verhältnis zur Sprache, zu meiner Schreibsprache, ziemlich exaltiert vor, ein wenig borniert. Und ich glaube, ich werde mit dieser Sprache noch sterben, weil ich nicht weiß, an welchem anderen Zipfel Sprache ich zu ziehen anfangen müßte, damit das anders wird.

1980 erschien ein Prosaband von Ihnen: »Nach der ersten Zukunft« – Betonung auf der ersten ...

Woher wissen Sie das?

Weil Sie mir das einmal gesagt haben. Wenn Sie das jetzt rückblickend beurteilen: Was war diese erste Zukunft – war das die Hoffnung auf den Sozialismus? Und was war dann die zweite Zukunft, und kam überhaupt eine zweite Zukunft?

Ganz zweifellos habe ich mich, seit ich hier im Westen lebe, privatisiert. In dem Maße, wie ich mich vorher für ein gesellschaftliches Wesen gehalten habe, halte ich mich mehr und mehr für ein einzelnes Wesen, sicher mit gesellschaftlichen Interessen und Aspekten, keine Frage. Auf gewisse Weise ist das ein Gewinn und auf gewisse Weise ein Verlust. Das ist eine Platitüde. Und je nach Stimmung und je nach Unternehmen bedaure ich das eine oder bejuble das andere. Aber beides sind Aspekte dieser Entwicklung. Sicher war ich einmal mehr an gesellschaftlichen Vorgängen interessiert, als ich es heute bin; das hat auch damit zu tun, daß ich meine Einflußmöglichkeiten auf gesellschaftliche Vorgänge einmal für eine größere gehalten habe, als ich es heute tue.

Also es betrifft Ihre Existenz, aber es hat auch Auswirkungen auf Figuren, wie ich meine. Wenn man sich das genauer anschaut: »Schlaflose Tage« war damals mit der möglichen Aussicht auf Beruhigung geschlossen worden; dann kam der erste Roman, den Sie hier im Westen geschrieben haben, »Aller Welt Freund«, und der scheint mir nun im Grundtenor viel pessimistischer. Sein ›Held‹, der Journalist Kilian, der ja angeblich versucht, sich abzuschaffen, sagt irgendwann einmal: »Ich möchte nicht, daß man mir eine Angst ausredet, die tausendfach begründet ist.« Welche Angst ist das?

Ich erinnere mich, daß, als ich jünger war, es mir ganz selbstverständlich vorkam, von konkreten Problemen abgesehen, daß ich in einer Gesellschaft lebe, die sich immer zum Besseren entwickelt. Es ist ganz klar, daß die Zukunft etwas Besseres ist als die Gegenwart. Dann gab es Entwicklungen und Erkenntnisse, die daran Zweifel zuließen. Heute meine ich, es ist nicht so. Das hat natürlich Konsequenzen auch für das Schreiben. Ich meine, vielleicht etwas überspitzt gesagt, ich habe mal in der Grundüberzeugung geschrieben, an alle gesendet zu haben. Heute schreibe ich mehr für mich und mehr für einige, denen das vielleicht nicht ganz unwichtig vorkommt. Aber diese große Geste, dieses auf der Tribüne Stehen und sich an eine Gesellschaft Richten, die ist in meinem Schreiben, glaube ich, vorüber.

Sie haben diese schöne kleine Geschichte von den Pinguinen erzählt. Ist die Angst vielleicht eine Angst vor der Gefahr, sich wie die Pinguine in einer anderen Welt, in die Sie ja damals gewechselt sind, an allen Ecken zu infizieren? Und vor welcher Infektion haben Sie denn die größte Angst in dieser Welt?

Ich werde gleich darauf antworten – aber das ist nicht die Angst, die ich meine. Das Unbehagen, daß man neu angekommen ist, ist eigentlich kein individuelles Unbehagen, sondern eines, das die sogenannte Allgemeinheit betrifft. Ich finde, das Ganze ist in keinem sehr guten Zustand, und es entwickelt sich zusätzlich in einen immer schlechteren. Die größte Angst, die ich so für mich hätte, als Pinguin in Zoo, ist die Angst vor einer Art von Anpasserei, die mir zuwider ist; die Angst vor einer Art von Korruption, die ich nicht wahrnehme; die Angst, Ansichten anzunehmen, die mir eigentlich unbehaglich sind. Und da man nicht gerne die Ansichten anderer als die eigenen ausgibt, tut man immer mehr so, als wären es die eigenen. Ich versuche, mir das bewußt zu machen, um mich, so gut es geht, vor Korrumpierbarkeit zu schützen.

Ist nicht auch eine andere Gefahr für den Schriftsteller bei einem solchen Wechsel von einem Land ins andere, von einem System ins andere, auch der vorläufige Verlust von Anschauung, eine gewisse Ortlosigkeit? Ich frage das deshalb, weil der Roman »Aller Welt Freund« auf mich wie ein Modell wirkt, das durchgespielt wird, fast ohne konkrete Orte, ohne Landschaften, mit relativ blassen Figuren. Welche Rolle – noch einmal – spielen die konkreten Erfahrungen und Erlebnisse für das Schreiben?

Über dieses Buch »Aller Welt Freund« würde ich mich mit Ihnen streiten, ich stimme Ihnen nicht zu. Ich will nur soviel sagen, daß es Teil der Konzeption dieser Geschichte ist, daß sie in einer Umgebung spielt, die nicht scharf umrissen ist, daß sie nicht dort oder hier spielt, sondern daß sie in einer Welt spielt, zu der dieses beides gehört. Ich schreibe ja nicht, wenn ich draußen bin, sondern ich schreibe drinnen in einem Zimmer, in dem ich auch meist bin. Die sogenannte Wirklichkeit sind ein paar Leute, mit denen ich Umgang habe. Sicher hat sich das durch meinen Umzug von dort nach hier geändert, wenn ich Ihnen auch sagen muß, daß ich hier eigentlich mit denselben Leuten verkehre, bis auf ganz wenige Ausnahmen. Daß die Umgebung eines Autors Folgen hat für die Art seiner Hervorbringungen, das glaube ich ganz bestimmt. Aber ich mag nicht diese Folgen untersuchen, ich mag mich nicht hinsetzen und mich mit der Frage beschäftigen, wie ist das jetzt bei mir, wie hätte ein Text, den ich jetzt hier schreibe, ausgesehen, wenn ich ihn dort geschrieben hätte. Wahrscheinlich anders, aber ich weiß nicht, *wie* anders. Diese Untersuchung ist mir müßig. Es ist sicher ein gewisser Verlust an Wirklichkeit eingetreten bei mir, es ist aber auch ein Gewinn an Wirklichkeit eingetreten. Und ich bin nicht in der Lage, die beiden in ein Verhältnis zu setzen.

Ihr Roman »Bronsteins Kinder« nimmt ein altes Thema wieder auf, gleichsam das fundamentale Thema Ihres Lebens und Ihrer Literatur. Ein Sohn revoltiert gegen seinen jüdischen Vater, der nicht vergessen kann, was er im Lager erlitten hat und der sich dafür rächen will, und der das auch kann, weil er den alten Lageraufseher in seine Gewalt bekommt. Der Sohn dagegen findet sich mit seinem Leben ab. Doch seine Schwester, Elle, die den Krieg in einem Versteck überlebt hat und die nun als Autistin, geprägt von ihrem Überleben im Versteck in einer Nervenklinik dahinlebt, reagiert in ihren Briefen an den Bruder sehr poetisch. Auch sie kann nicht vergessen, aber auch nicht handeln. Sie äußert sich in einer ursprünglichen, eben in einer poetischen Sprache. Steht dahinter vielleicht auch Ihre Idee, so schreibend müsse man reagieren? So daß der ›Normale‹ eben nicht der Sohn ist, der sich abfindet mit den Dingen, sondern Elle, die sich poetisch gleichsam aufregt?

Ich hatte schon lange verschiedene Lüste beim Schreiben. Zum einen, wie ich vorhin kurz erwähnte, die, mit der bisherigen normalen Sprache aufzuräumen. Zum anderen hatte ich eine Lust, Gedichte zu schreiben, was ich nie konnte, was ich auch sicher heute nicht kann: also eine bestimmte Art von Poesie zu produzieren, die mir bei mir selbst verdächtig vorkommt. Zum dritten bin ich Leuten begegnet, die, wie andere sagten, nicht ›normal‹ sind und die sich auf eine Weise scharfsinnig ausdrückten, die mir unerhört vorkam. Hier sah ich – in dieser Schwester, die ich mir konstruiert habe, die ich nicht so kenne und der ich nie begegnet bin – eine Chance, diese drei Wünsche in einer Figur aufgehen zu lassen: Eine Person, die scheinbar unnormal ist, drückt sich in einer, wie ich finde, sehr kurzschlüssigen, sehr einleuchtenden und sozusagen neben der normalen Menschensprache stehenden Sprache aus. Das hat mir Lust gemacht.

Findet sich darin nicht so etwas wie – oder etwas von – Kafkas Position, den Sie einmal deshalb einen tröstlichen Autor genannt haben, weil er keine Lösung kenne und sich mit der Welt nicht einverstanden erkläre: ein Autor, der sich nicht abfindet mit den Dingen, wie sie nun mal sind. Ist Kafka ein Vorbild, einer, an den man sich durch alle Veränderungen hindurch halten kann, weil sich der Schmerz und das Leid ja doch fortsetzen?

Was heißt Vorbild? Vorbild nicht in dem Sinne, daß ich gerne Texte produzieren würde, die möglichst ähnlich denen sind, die dort stehen, abgesehen davon, daß ich dazu schwerlich imstande wäre. Aber er ist ein ständiger Einfluß, dem ich ausgesetzt bin. Er ist auch eine, ja, eine ständige Ermutigung, daß Literatur imposant sein kann. Ich kenne kaum einen Autor, oder keinen, den ich so regelmäßig lese und dessen Einflüssen ich mich immer wieder aussetzen möchte.

Weil er keine einvernehmlichen Lösungen kennt und sich nicht einverstanden erklärt mit der Welt, wie sie läuft?

Lösungen, die Literaten vorstellen und vorführen und vorschlagen, sind immer Scheinlösungen und falsche Lösungen und entspringen nicht dem Scharfsinn, sondern dem Harmoniebedürfnis. Das habe ich selber. Das braucht mir kein Literat vorzuführen. Das Konstatieren der Unversöhnlichkeit gewisser Widersprüche, das Fortexistieren von Zuständen, die man nicht hinnehmen kann, ist wesentlich bei Kafka. Und seine Unbeugsamkeit und Unverlogenheit in dieser Beziehung – das ist mir tröstlich.

(Das Gespräch wurde am 15. Januar 1990 in Berlin geführt.)

Jurek Becker

Der Nachteil eines Vorteils

Pinguine, so habe ich einmal gelesen, seien außerhalb ihrer Heimat, in zoologischen Gärten etwa, äußerst schwer zu halten. Die natürlichen Bedingungen, unter denen sie lebten, seien so beschaffen, daß es Krankheitskeime kaum gebe. Das habe zur Folge, daß der Organismus der Pinguine, da er solche Keime praktisch nie abzuwehren habe, auf deren Abwehr praktisch nicht eingerichtet sei. Nur gegen Kälte verfüge er über große Widerstandskraft.
In zoologischen Gärten nun, wo es von Bakterien aus aller Herren Länder nur so wimmle, sei die Lage für Pinguine fatal. Nahezu schutzlos, hieß es, seien sie Krankheitskeimen ausgeliefert, über die andere Tiere gewissermaßen nur lächelten. Und selbst winzigste Gefahren, die von den Organismen der übrigen nicht einmal wahrgenommen würden, könnten für die Pinguine tödlich sein. Die Gewöhnungszeit sei lang und erfordere von den Pflegern außerordentliche Geduld.

Jurek Becker

Die unsichtbare Stadt

Als ich zwei Jahre alt war, kam ich in dieses Ghetto, mit fünf verließ ich es wieder in Richtung Lager. Ich kann mich an nichts erinnern. So hat man es mir erzählt, so steht es in meinen Papieren, so war folglich meine Kindheit. Manchmal denke ich: Schade, daß dort nicht etwas anderes steht. Jedenfalls kenne ich das Ghetto nur vom dürftigen Hörensagen.

Ein paarmal hat mein Vater mit mir darüber gesprochen, widerwillig und selten. Solange er lebte, war ich nicht neugierig genug, ihn mit geschickten Fragen zu überlisten, und dann war es zu spät. Dennoch habe ich Geschichten über Ghettos geschrieben, als wäre ich ein Fachmann. Vielleicht habe ich gedacht, wenn ich nur lange genug schreibe, werden die Erinnerungen schon kommen. Vielleicht habe ich irgendwann auch angefangen, manche meiner Erfindungen für Erinnerung zu halten. Ohne Erinnerungen an die Kindheit zu sein, das ist, als wärst du verurteilt, ständig eine Kiste mit dir herumzuschleppen, deren Inhalt du nicht kennst. Und je älter du wirst, um so schwerer kommt sie dir vor, und um so ungeduldiger wirst du, das Ding endlich zu öffnen.

Jetzt ist der Fußboden meines Zimmers übersät mit den Fotos dieser Ausstellung.* Wenn ich Erinnerungen hätte, müßten sie dort zu Hause sein, in jenen Straßen, hinter jenen Mauern, unter diesen Leuten. Am meisten interessieren mich die Frauen auf den Bildern: Ich weiß nicht, wie meine Mutter ausgesehen hat. Es existiert kein Foto von ihr, sie ist im Lager gestorben. Ich könnte mir eine der Frauen aussuchen, mein Vater hat gesagt, sie sei auffallend hübsch gewesen, natürlich.

Die meisten der Bilder sind von einer Stille, nach der man sich sehnt, sie strahlen Friedlichkeit aus. In meinen Augen haben sie etwas von der *guten alten Zeit*. Der Fotograf scheint um den Nachweis bemüht gewesen zu sein, daß das Ghetto kein grauenhafter Ort war, wie Feindpropaganda es manchem eingeflüstert haben mag, sondern daß es dort wie unter Menschen zuging. Wenn auch diese Menschen ein wenig seltsam waren, ein wenig anders, aber das wußte man vorher. Wer genau hinschaut, könnte das Ghetto sogar für einen Ort der Besinnung halten.

Der junge jüdische Polizist, der die Papiere eines verdächtig aussehenden Passanten kontrolliert, wie es nun mal Polizistenpflicht auf der ganzen Welt ist. Der Friseur, der seine Mütze vor dem Fotografen abgenommen hat, auf Kundschaft wartend vor seinem Holzhaus, in dem es bestimmt gemütlich

* Diese Ausstellung fand im November 1989 im Jüdischen Museum zu Frankfurt am Main statt: »Unser einziger Weg ist Arbeit«. Das Ghetto in Lodz 1940 bis 1944.

zugeht. Der bärtige Mann, der einen gummibereiften Holzwagen übers Kopfsteinpflaster zieht, ein Arbeitsmensch, der sich nicht eben zerreißt. Selbst die vier Juden, die einen Toten an einer Mauer entlangtragen, muß man kaum mehr als flüchtig bedauern; zu Viert wird man schließlich eine Leiche tragen können, und gestorben wird überall. Mit dem deutschen Posten neben dem Schilderhäuschen kann man schon eher Mitleid haben, wie er so dasteht, fern der Heimat und verloren; es ist verdammt einsam am Ghettoeingang, denn keiner will hinein und keiner hinaus. Die Bilder suggerieren, daß alles hier behutsam geregelt ist, auf eine den Dingen und den Menschen tief innewohnende Art und Weise.

Mit einem Wort, ich denke mir Theorien über die Absichten des Fotografen zusammen, ich durchschaue seine Intentionen, der Kerl kann mir nichts vormachen. Doch auf einmal geschieht etwas, das mir ganz und gar nicht recht ist: Einzelne Bilder saugen meine Blicke auf, ich falle in sie hinein, fern von der Absicht, einen Text zu schreiben. Ich sehe zwei Bilder mit Kindern, das einemal auf Essenzuteilung wartend, Töpfe und Eimerchen und Löffel in Händen, das anderemal mit roten Mützen und auf den Fotografen starrend. Beim Spielen unterbrochen und trotzdem regungslos. Nein, ein so Kleiner, wie ich damals gewesen sein muß, ist nicht dabei. Doch wahrscheinlich sind solche auf den Bildern, die mich kannten, die mir etwas weggenommen oder mich verprügelt oder mir ihre Befehle gegeben haben. Vielleicht steht einer dort, der heute mein bester Freund wäre, wenn die ganze Sache einen etwas günstigeren Verlauf genommen hätte.

Ich hasse Sentimentalitäten, diese Verstandestrübungen, ich würde gern alle Löcher zustopfen, aus denen sie kriechen könnten. Jedesmal wenn meinen Vater die Rührung überkam, bin ich aus dem Zimmer gegangen, bis er sich wieder im Griff hatte. Plötzlich spielt das keine Rolle mehr, die Bilder erfüllen mich selbst mit Rührung, ausgerechnet mich, und ich muß mir die dümmsten Tränen aus den Augen wischen. Keine Mädchen auf den Fotos, nur Jungen, Jungs über Jungs, wie kommt das? Ist das etwa der Grund, warum Mädchen für mich, seit ich zurückdenken kann, immer besondere Wesen gewesen sind?

Auf einem der Bilder fährt die jüdische Feuerwehr durchs Ghetto. Was war nur mit dieser Feuerwehr, irgendwas hat mir mein Vater erzählt, daß es sie gab, oder daß er einen dort kannte, oder daß sie immer zu spät gekommen ist, oder daß es andauernd gebrannt hat, selbst das habe ich vergessen. Unentwegt das Gefühl, mich beim Erinnern nur etwas mehr anstrengen zu müssen, anstatt so träge zu sein und faul aufs Erinnern zu warten. Dabei strenge ich mich an zum Verrücktwerden, es kommt nichts; nur die Bilder liegen im Zimmer, so unbegreiflich nah.

Als ich sie bekam, als ich das Päckchen öffnete und sie auszubreiten anfing, hatte ich bald das Empfinden, sie in eine andere Reihenfolge bringen zu müssen. Doch in was für eine Reihenfolge? Was paßte wozu, und was sollte getrennt sein? Gehören Kinder zu Kindern und Bärtige zu Bärtigen und Händler zu Händlern? Und Polizisten zu Polizisten und die Blonden zu den

Blonden? Jedenfalls stimmt die Reihenfolge nicht, sie ist wie ein Sprung auf einer Platte, der die schönste Aufnahme verdirbt. Ich ordne die Bilder immer wieder neu, ich will unbedingt das Rätsel lösen. Ich lege den Bahnhof nach außen, den Friedhof nach außen, die Straßen in die Mitte, Holzhäuser zusammen, Steinhäuser zusammen, die Werkhallen dazwischen, die Grenze an die Grenze. Immer wieder ist alles falsch, das Lämpchen der Erinnerung leuchtet nicht auf.

Ich starre auf die Bilder und suche mir die Augen wund nach dem alles entscheidenden Stück meines Lebens. Aber nur die verlöschenden Leben der anderen sind zu erkennen, wozu soll ich von Empörung oder Mitleid reden, ich möchte zu ihnen hinabsteigen und finde den Weg nicht.

Irene Heidelberger-Leonard

Schreiben im Schatten der Shoah

Überlegungen zu Jurek Beckers »Jakob der Lügner«, »Der Boxer« und »Bronsteins Kinder«

Eines steht fest: Jurek Becker selber würde von einer solchen Zuordnung energisch Abstand nehmen. Mir geht es also darum, die Widersprüche – wenn es welche sind – auszuleuchten zwischen dem Selbstverständnis dieses Schriftstellers, seinem Leben, seinem Werk und der Rezeption dieses Werkes. Die Fakten seiner Biographie sind, wie man jetzt weiß, nicht ohne weiteres zu ermitteln, denn das gewöhnlich angegebene Geburtsdatum von 1937 ist eher Ergebnis einer willkürlichen Übereinkunft als eine Tatsache.[1] Sein Vater hätte ihn älter gemacht, um den Sohn vor der Deportation zu bewahren. Vergeblich: Jurek Becker, der zunächst im Ghetto von Lodz aufwuchs, verbrachte sechs Jahre von 1939 bis 1945, in den Konzentrationslagern Ravensbrück und Sachsenhausen. »Als der Krieg zu Ende war, hatte sich meine Familie, eine ehedem fast unübersehbare Personenschar, wie ich höre, auf drei Überlebende reduziert: auf meinen Vater, auf eine Tante (...) und auf mich.«[2] Der Vater, bei der Befreiung in einem anderen Konzentrationslager als der Sohn, fand ihn mit Hilfe einer amerikanischen Hilfsorganisation. Erst von dieser Zeit an habe Jurek Becker deutliche Erinnerungen: Vater und Sohn lassen sich in Ost-Berlin nieder, der Sohn wird eingeschult und erlernt erst im Alter von acht (?) Jahren die deutsche Sprache. Das Polnische vergißt er, lange bevor er des Deutschen mächtig ist. Auf dieses Gefühl der Sprachlosigkeit führt Becker die dem Erwachsenen schwer begreifliche Tatsache zurück, daß er mit den Erfahrungen im polnischen Ghetto und in den Lagern keinerlei Erinnerungen verbindet. Das bewußte Erlernen der deutschen Sprache, das mündliche Erzählen schließlich, dem er dann auch schriftlich Ausdruck verleiht, erlebt schon der Junge wie eine Eroberung. Nur mittels des Wortes nämlich kann die Fremde bezwungen, das Greuel der Fremde abgezirkelt, ja gebannt werden. Sprechen und Schreiben werden Jurek Becker schon sehr bald zu Notwendigkeiten des Überlebens. Das Ghetto von Lodz, bedauert der Fünfzigjährige, sei für ihn zu einer »unsichtbare(n) Stadt« geworden[3]. »Dennoch habe ich Geschichten über Ghettos geschrieben, als wäre ich ein Fachmann. Vielleicht habe ich gedacht, wenn ich nur lange genug schreibe, werden die Erinnerungen schon kommen. Vielleicht habe ich irgendwann auch angefangen, manche meiner Erfindungen für Erinnerung zu halten.«[4] 1990 schreibt er diese Worte. Anlaß dazu ist eine Fotoausstellung über das Ghetto in Lodz. Becker beschreibt die Wirkung, die diese unverhoffte Konfrontation mit den Bildern seiner frühesten Kindheit auf ihn hat. Er berichtet, wie er sich ganz von den Bildern aufsaugen läßt, wie er vor allem die Frauen auf den Fotos studiert: »Ich weiß nicht, wie meine Mutter ausgesehen hat. Es existiert kein Foto von ihr, sie ist im Lager gestorben. Ich könnte mir eine der Frauen aussuchen, mein Vater hat gesagt, sie sei auffallend hübsch gewesen, natürlich.«[5] Plötzlich wird er in seiner Kontemplation aufgestört, es geschieht etwas, das ihm ganz und gar nicht recht ist: »Ich sehe zwei Bilder mit Kindern, das einemal auf Essenzuteilung wartend, (...) das anderemal mit roten Mützen und auf den Fotografen starrend. (...) Nein, ein so Kleiner, wie ich damals gewesen sein muß, ist nicht dabei. Doch wahrscheinlich sind solche auf den Bildern, die mich kannten (...). Vielleicht steht einer dort, der heute mein bester Freund wäre, wenn die ganze Sache einen etwas günstigeren Verlauf genommen hätte.«[6] Aus Angst, man könne seine Ergriffenheit über den ›ungünstigen Verlauf der ganzen Sache‹ mißverstehen, wehrt Becker gleich ab: »Ich hasse Sentimentalitäten, diese Verstandestrübungen, ich würde gern alle Löcher zustopfen, aus denen sie kriechen könnten. Jedesmal wenn meinen Vater die Rührung überkam, bin ich aus dem Zimmer gegangen, bis er sich wieder im Griff hatte. Plötzlich spielt das keine Rolle mehr, die Bilder erfüllen mich selbst mit Rührung, ausgerechnet mich«[7], stellt er überrascht fest.

Bei aller Anstrengung, Selbsterfahrenes zu vergegenwärtigen, »das Lämpchen der Erinnerung leuchtet nicht auf. Ich starre auf die Bilder und suche mir die Augen wund nach dem alles entscheidenden Stück meines Lebens. Aber nur die verlöschenden Leben der anderen sind zu erkennen (...), ich möchte zu ihnen hinabsteigen und finde den Weg nicht.«[8] Vor einem solch uneingeschränkten Solidaritätsbekenntnis zu seinen jüdischen Leidensgenossen war Becker bisher immer zurückgeschreckt. Dieser Zustand des Teilhaben-Wollens und des nicht Teilhaben-Könnens, klagt er, will ihm immer unerträglicher erscheinen, denn: »Ohne Erinnerungen an die Kindheit zu sein, das ist, als wärst du verurteilt, ständig eine Kiste mit dir herumzuschleppen, deren Inhalt du nicht kennst. Und je älter du wirst, um so schwerer kommt sie dir vor, und um so ungeduldiger wirst du, das Ding endlich zu öffnen.«[9]

In der Tat stellen die drei Romane, mit denen ich mich beschäftigen werde, einen solchen Versuch dar, »diesem alles entscheidenden Stück seines Lebens«, wie Becker es hier zum ersten Mal ohne Umschweife nennt, nachzuspüren. Im Jahr 1969, ein Vierteljahrhundert also nach dem Ereignis, macht er mit »Jakob der Lügner« einen ersten Anfang. 1976 erschien »Der Boxer«; er liest sich wie eine Fortführung von Jakobs Geschichte, hätte Jakob überlebt. »Bronsteins Kinder«, zehn Jahre später entstanden, ist der letzte Band dieser ›Trilogie‹ und liest sich wie eine mögliche Fortführung der Geschichte vom ›Boxer‹ Mark, hätte dieser überlebt. Mit diesem Roman zieht Becker Bilanz über die Gegenwärtigkeit seiner Vergangenheit.

Die Chronologie seiner Werke läßt eine geradezu mathematische Symmetrie erkennen: Fast alle seine Romane spielen in der DDR, wo Becker bis zu Biermanns Ausbürgerung gelebt hat; sie fallen in zwei voneinander streng geschiedene Themenkomplexe, die auf den ersten Blick nichts miteinander zu verbinden scheint; der erste, dritte und fünfte Roman beschäftigen sich mit der Schwierigkeit, Jude zu sein, der zweite und vierte mit der Schwierigkeit, Sozialist zu sein. Hauptnenner seines gesamten Werks ist zweifelsohne Beckers Leben – Jude und Sozialist sind durch alle Werke hindurch auf der Suche nach einer Identität. So stellt jedes Werk eine mehr oder weniger fingierte Rekonstruktion seiner eigenen Biographie dar. Nur: An Bekenntnissen zum Sozialismus, wozu auch seine schon sehr frühe Kritik an den Fehlern des Sozialismus zu zählen ist, mangelt es bei Becker nicht. In Sachen Judentum tut er sich unendlich viel schwerer: Die ihm von der Außenwelt abgerungenen Bekenntnisse zu dieser Zugehörigkeit verkehren sich ihm – im Diskurs – eher zu Verleugnungen seines Judentums. Dieser Inkongruenz gilt es nachzuforschen.

Unter den Selbstaussagen Jurek Beckers nimmt der Aufsatz »Mein Judentum«[10] eine Schlüsselstellung ein, weil sich der Autor dort die Aufgabe stellt, rational zu ergründen, was unbewußt in seinem fiktionalen Werk nach Ausdruck ringt, und weil im Medium des Essays die Obsessionen des Autors, so wie sie sich in den drei erwähnten Romanen äußern, auf auffallende Weise dementiert werden. Schon seine Einleitungsformel verrät eine ambivalente Haltung. Sooft er in der Vergangenheit nach Herkunft und Abstammung gefragt worden sei, habe er geantwortet: »Meine Eltern waren Juden«, und wenn der Frager daraus schließen wollte »Sie sind also Jude«, berichtigte ihn der Autor, indem er dieselbe Formel wiederholte. Der Unterschied, schreibt Becker, schien ihm wichtig, ohne daß er genau erklären könnte, warum. Und er fügt hinzu: »Dabei hat der Umstand, daß ich in eine jüdische Familie hineingeboren wurde, für meinen bisherigen Lebenslauf nicht eben kleine Folgen gehabt.«[11] Trotzdem lehne er es ab, diese Bezeichnung für sich selber in Anspruch zu nehmen. Mit Jean-Paul Sartre gibt er zu bedenken, niemals hätte er sich als Jude gefühlt, wenn es den Antisemitismus nicht gegeben hätte. Sein Vater hätte von Anfang an jedes Gespräch über die Vergangenheit vermieden – sei es, um eigene Wunden heilen zu lassen, sei es, um den Sohn nicht unnötig zu belasten; keines dieser beiden Ziele habe er jedenfalls erreicht, befindet der Sohn im nachhinein.

Die Zugehörigkeit zu einer Gruppe von Menschen, die »die Juden« heißt, beruhe für ihn auf einer freiwilligen Entscheidung, sei letztlich ein intellektueller Entschluß. »Bis heute weiß ich nicht«, erklärt er, »welches die Merkmale sind, die einen jüdisch sein lassen.«[12] Und wenn ihn jemand zum Juden ernenne, dann empfände er das wie eine Okkupation, schlimmer noch, wie eine Mahnung, eine Schuld begleichen zu müssen, die er nie auf sich genommen habe. Einfacher sei es für ihn, sein Verhältnis zum Judentum negativ zu bestimmen: Als Atheist überzeuge ihn die jüdische Religion nicht mehr als irgendeine andere; es sei auch nicht der Stolz auf die Leistungen, die manche Juden vollbracht hätten, der ihn zum Juden mache; genausowenig wie er Scham darüber empfinde, daß es Juden sind, die sich im Nahen Osten als Herrenmenschen etablieren. Er empfinde nur Zorn darüber, daß

Menschen so mit Menschen umgehen. Mitten in dieser defensiven Haltung malt er die Begegnung mit einem gläubigen Juden aus, als er elf Jahre alt war, die ihn tief beeindruckt hat: Dieser Mensch hatte ihn zum ersten Mal fühlen lassen, daß es auch einen anderen Weg gibt, wenn er selber auch nicht gewillt war, ihn zu gehen. In seinem bewußten Leben in der DDR habe er nie Anlaß gehabt, sich dieses Judentum nachträglich zu ›erarbeiten‹, erst seit er in der Bundesrepublik lebe, wisse er, daß er Jude sei.[13]

Schließlich kommt er auf seinen ersten Roman zu sprechen: »Als mein Buch ›Jakob der Lügner‹ erschienen war, schrieben einige Rezensenten, ich befände mich damit in der Erzählertradition Scholem Alejchems und Isaac Bashevis Singers.«[14] Keinen von beiden habe er damals gelesen. Wäre daraus etwa zu schließen, daß bei ihm eine Affinität zur jüdischen Erzähltradition existiere, ganz unabhängig davon, ob er sich dazu bekenne oder nicht? Listig beendet er seine Selbstinquisition, in der er sich seiner Sache gar so sicher zu sein schien, indem er die logische Entwicklung seiner Argumentation mit dem letzten Abschnitt wieder in Frage stellt: »Ich stelle mir vor, ich irrte mich in einer so wichtigen Frage (...). Ich stelle mir vor, ich verkennte Einflüsse, die ganz gravierend sind, (...) ich fühlte mich nicht als Jude, bin aber in hunderterlei Beziehungen einer. Na und? Wozu, frage ich mich, muß ich einem solchen Rätsel unbedingt auf den Grund kommen wollen? (...) Ich fürchte, ich würde nur vergeblich versuchen, ein Geheimnis aufzuklären, ohne das mein Leben ärmer wäre.«[15]

»Jakob der Lügner«[16] wäre somit die erste Annäherung an dieses »Geheimnis«, denn dieser Roman spricht eine andere Sprache als der Essay. Anhand von sorgfältigen Recherchen wird hier ein mögliches Leben rekonstruiert, so wie es sich für das Kind Jurek Becker hätte ereignen können. Jakob reflektiert nicht sein Judentum, sondern lebt es, genauer, versucht es zu überleben. Und weil es ihm aus allzu bekannten Gründen nicht gelingt, ist es sein Leidensgefährte, der Erzähler, der uns Jakobs Geschichte überbringt. Ob sie dann noch *Jakobs* Geschichte ist oder nicht vielmehr die des Erzählers, ist *ein* Thema dieses Romans.

Vieles schwingt im Titel mit: die Geschichte vom ›Betrüger‹ Jakob aus dem alten Testament, der seinem Bruder Esau das Erstgeburtsrecht stiehlt; auch das Klischee vom lügenden Juden, das der Jude Otto Weininger seinem philosophischen Konstrukt »Geschlecht und Charakter« als These zugrundelegt. Beckers Jakob widerlegt sie beide – er ist ein altruistischer Betrüger, er ›lügt‹, um zu retten. Die Lüge wird ihm zur Korrektur einer verbrecherischen Welt. Seine erste Notlüge, die Mischa vorm sicheren Tod bewahrt, zieht viele weitere nach sich, denn die nach Hoffnung süchtigen Ghettobewohner bedrängen ihn stündlich nach lindernden Neuigkeiten. Jakob hat Bedenken, wehrt sich, weiß er doch, daß die ursprüngliche Mitteilung mit jeder weiteren zu einem Versprechen wird, das er nicht wird halten können. Aber nach der Ermordung von Herschel Stamm, dem orthodoxen Juden, der vor seinen Augen erschossen wird, weil er den in einem Viehwaggon gepferchten Juden eine baldige Befreiung in Aussicht stellt, nimmt Jakob seine Rolle als Helfer bewußt an, wird mit der Stärke der Schwachen zum Helden wider Willen; sein Beispiel macht Schule – auch der Arzt Kirschbaum opfert sich für das Kollektiv. Dieses Buch vom Menschsein unter unmenschlichen Bedingungen ist ein Paradigma für die Banalität des Guten. Der kurzfristige Erfolg bleibt nicht aus, es gibt keine Selbstmorde mehr, die vom Tod bedrohten Menschen schwelgen in Zukunftsplänen. Und als das ganze Lager wenig später doch evakuiert wird einschließlich Jakob, Lina und dem Erzähler – »wir fahren, wohin wir fahren« –, steht Jakob zum Schluß tatsächlich als Lügner da. Der Erzähler will sich mit einem solch ›blaßwangigen‹ Ende nicht zufriedengeben. Er malt ein anderes aus, wonach Jakob zwar auch stirbt, aber als gefeierter Märtyrer, denn das Ghetto wird von den Russen rechtzeitig befreit. Und der Lügner Jakob enthüllt sich als einer, der *wahr gelogen* hat.

So ist das Thema dieses Romans nicht – wie es der Waschzettel des Verlags will – das Leben im Ghetto; sein Thema ist, ganz im Einklang mit Beckers Biographie und seinen existentiellen Nöten: die Macht bzw. die Ohnmacht des Wortes, die Macht der Literatur, die Macht des Erzählens – das Erzählen als Überlebensstrategie. Aber auch diese Formulierung ist mißverständlich, denn es geht hier nicht primär um das Schreiben als Überlebensstrategie für den Autor, der mit seinem Roman eine Art Trauerarbeit einleitet. Hier wird nicht klug spekuliert über das Unsagbare – der Roman als Ganzes setzt die Macht des Erzählens in Szene. In immer neuen Ansätzen, mit geradezu virtuoser Akribie wird das Erzählen förmlich selbst zum Handlungsträger, man denke nur an das Märchen von der Prinzessin und der Wolke, das sich mit seinem glücklichen Ausgang als Folie zu Jakobs Märchen mit bösem Ausgang liest. Trotzdem stellt der böse Ausgang den Erzähler nicht ernstlich in Frage. Im Gegenteil: Die Lügen, das heißt: die Fiktionen Jakobs greifen in die Ghettowirklichkeit sichtbar ein. Mit ihrer Wirkungskraft wird der Literatur eine solch lebensverändernde Potenz zugesprochen, die weit über Ernst Blochs Utopie des Vorscheins hinausgeht. Im Gegensatz zu Bloch aber huldigt Becker auch der Dialektik der Hoffnung, er verschweigt nicht, daß die Hoffnung in ihr Gegenteil umschlagen kann, denn diejenigen, die sich in der Illusion wiegen, daß der Schrecken ein baldiges Ende finden wird, verzichten darauf, sich zur Wehr zu setzen. So muß sich der zu Anfang vom Erzähler beschworene Baum des Lebens am Ende in den schattenwerfenden Baum der Erkenntnis verwandeln. Jakobs Geschichte dokumentiert also in gleichem Maße die Ohnmacht der Literatur. Hoffnung führt auch zur Vernichtung[17], denn gegen die Faktizität der Geschichte vermag selbst die leidenschaftlichste Imagination nichts auszurichten, wobei das Scheitern der Imagination in Beckers Augen ihre Unverzichtbarkeit allenfalls erhöht. Erzähltechnisch hätte das zur Folge, erklärt Becker, daß er prinzipiell darum bemüht sei, den einem Stoff »unangemessenen« Erzählstil zu finden.[18] Dem Tragischen gelte es das Komische abzugewinnen, Pathos und Feierlichkeit sind Jurek Beckers Sache nicht, in »Jakob der Lügner« herrscht das *understatement*.

Glaube an die Macht der Erzählung scheint Becker auch den Titel seines nächsten ›Judenromans‹ suggeriert zu haben. Der fremdvertraute Buchtitel »Der Boxer«[19] versteht sich als Beschwörung und Denunziation in einem. Da, wo das Boxen in Arons erfundener Geschichte als Synonym für Selbstwehr auftritt, wird es beschworen; da, wo es bei Mark als Synonym für Aggression in Erscheinung tritt, wird es denunziert. Aber so wie in »Jakob der Lügner« die Lüge in Wahrheit umschlägt und die Wahrheit in Lüge, so veranschaulicht auch dieser zweite Roman, wie fließend die Grenzen zwischen Selbstwehr und Aggression sind. Der Titel führt in jedem Fall in die Irre, denn hier wird ein Boxer, oder vielmehr werden mehrere Boxer vorgeführt, die alle verlieren, während der Titel unbewußt einen Sieger erwarten läßt. In diesem Roman ist tatsächlich jeder mit jedem in einem unterschwelligen Clinch, keiner verläßt den Ring unversehrt.

Die Distanz zu seinem Stoff war offensichtlich viel schwerer zu erreichen, handelt es sich doch hier nicht, wie in »Jakob der Lügner«, um souverän Imaginiertes, sondern im Gegenteil um allzu schmerzvollen Lebensstoff, der der erzählerischen Manipulation mehr Widerstand bietet. Hier wird dem Ernsten wenig Komisches abgerungen, und die Lust am Fabulieren bricht nur da aus, wo sie existentiell notwendig ist. Dies sei das Buch, so Becker, das sich am intensivsten mit seinem Vater auseinandersetzt. Es sei gleich nach dem Tod des Vaters geschrieben; er habe mit dieser Geschichte versucht, Fragen aufzuwerfen, die er versäumt habe, ihm zu Lebzeiten zu stellen. Mit dem Schreiben dieses Romans habe er das beschädigte Verhältnis zwischen Vater und Sohn im nachhinein reparieren wollen.

Im »Boxer« ist der Autor Jurek Becker auf zwei Zeitebenen präsent: Er spiegelt sich sowohl in der Figur des Erzählers, der den widerwilligen Aron über sein Leben ausfragt und eben das tut, was der reale Sohn beim realen Vater versäumt hat, als auch in der Figur des Kindes Mark, das vom Vater nach dem Krieg wiedergefunden wird.

Arons und Marks Verhältnis, die Geschichte ihrer Wiedervereinigung, könnte sich besser kaum anlassen. Mit bewegender Behutsamkeit weiht der Vater den physisch und psychisch lädierten Jungen in die elementarsten Lebenszusammenhänge ein, so etwa als er versucht, ihm verständlich zu machen, was ein Vater sei. Die verhohlene Zartheit bei der ersten Entdekkung von Vater und Sohn steht im schroffen Gegensatz zu der Brutalität, die ihr Verhältnis am Ende zerschellen läßt. Arons neues Leben kennt nur ein Ziel: seinem Sohn alle Schmerzen zu ersparen, die ihn gebrochen haben. Genau diese aus der Sicht des Vaters kohärente Haltung wird ihm der erwachsene Sohn als diktatorische Bevormundung im nachhinein vorwerfen. In der Praxis heißt das für Aron nämlich, seine Vergangenheit und auch die Marks totzuschweigen, so als hätte sie sich nie ereignet. Sein erster Gang gilt der Fälschung seiner Personalien: Er verjüngt sich um die sechs Jahre Lager und germanisiert seinen hebräischen Namen zu Arno, damit er nicht gleich als Jude erkannt wird. Daß er sich dabei – aus Gründen der Anpassung – selbst verleugnet und daß diese Selbstverleugnung ihn notgedrungen zu lähmender Selbstentfremdung führen muß, kann Aron nicht voraussehen. Die von der Nachkriegsgesellschaft ihm zugedachte Opferidentität, die ihn ein zweites Mal zum Objekt degradiert, weist er zurück. Opfer des Faschismus ist kein Beruf. Gerade in der Privilegierung ehemaliger Opfer sieht Aron eine weitere Stigmatisierung. Aron ist überzeugt, dabei auch im Interesse des Sohnes zu handeln. Das Mitgefühl seiner Zeitgenossen ekelt ihn. Im übrigen gelte es ihnen nur als Alibi und hindere sie am kühlen Nachdenken.

In diesem, wie es scheint, harmonischen Miteinander von Vater und Sohn tritt eine Wende ein. Eines Tages kommt Mark verprügelt aus der Schule; der Vater ist überzeugt, daß es sich um einen antisemitischen Vorfall handelt. Er will den Sohn lehren, was ihm selber noch nie gelungen ist: sich zur Wehr zu setzen. Um dem Sohn Vorbild sein zu können, erfindet er sich – hier wird also auch Aron wie Jakob zum Erfinder von ›wahren‹ Geschichten – eine analoge Episode in seiner eigenen Kindheit und unterrichtet den kranken Mark, wie es ihm gelang, aus einem Verfolger in seiner Schule einen Verfolgten zu machen. Boxunterricht habe er genommen, um gegen alle möglichen Großmäuler und Quäler gewappnet zu sein. Dabei erklärt er dem Sohn mit Nachdruck, daß ein Boxer nicht jemand sei, der immer boxt, sondern nur jemand, der boxen kann. Daß der erwachsene Sohn sich von einem defensiven zu einem offensiven Boxer entwickelt, liegt nicht in der Absicht des Vaters. Und doch hat auch Marks Verhalten, ganz wie das des Vaters, seine eigene Logik. Die Tatsache, daß der Vater ihn weder über seine jüdische Herkunft noch über seine Lagervergangenheit aufklärt, empfindet der Sohn als Identitätsraub. Die Rollenverweigerung nämlich, die der Vater aus freiem Entschluß faßt, wird dem Sohn aufgezwungen. So kompensiert der Sohn die Bevormundung des Vaters auf geradezu mörderische und – wie sich herausstellt – selbstmörderische Weise. Die jüdische Identität, die der Vater Mark in bestgemeinter assimilatorischer Geste vorenthalten wollte, provoziert den Sohn zu einer Militanz, die dem Vater unverständlich bleibt. So fragt er den Erzähler: »Was das überhaupt sei, (...) ein Jude, was denn anderes als ein Glaubensbekenntnis? Ob wir nicht endlich in einer Zeit leben, (...) in der jeder für sich allein entscheiden könne, in welcher Partei er Mitglied zu sein wünsche? (...) Ein Kind katholischer Eltern könne mit Beginn der Volljährigkeit frei entscheiden, ob es ebenfalls Katholik sein wolle oder nicht. Warum man (...) den Kindern jüdischer Eltern das gleiche Recht verweigere?«[20] Aron sieht nicht, daß er genau den Fehler macht, den er hier anprangert, denn auch er gewährte Mark das Recht zur freien Entscheidung nicht, als er ihm von vornherein den Weg zu seiner Vergangenheit versperrte. Und vielleicht hat sich der Sohn, nur weil der Vater ihm diesen Weg hatte versperren wollen, zu einem militanten Juden entwickelt. Jedenfalls trägt Arons Haltung zu dem Bruch bei, was zu erkennen er – selbst nach Marks Verschwinden – unfähig ist. Nachdem Mark den Vater fünf Wochen lang ohne Erklärung über seinen Verbleib gelassen hat, schreibt er Aron einen Brief, der, stark an Kafkas »Brief an den Vater« erinnernd, rücksichtslos mit dem Vater ins Gericht geht: »Die Ursache Deiner Einsamkeit, davon bin ich fest überzeugt, liegt bei Dir. Ich habe noch nie einen Menschen getroffen, der so getrennt von allem lebt wie Du, und man kann nicht sagen, daß meine Anwesenheit viel daran geändert hat. Aber selbst wenn das falsch ist, könnte ich mich auf die Dauer nicht dazu durchringen, als ein Ausweg für Dich zur Verfügung zu stehen. (...) Du kannst mir vorwerfen, daß ich nie darüber gesprochen habe, solange noch Gelegenheit war. Dann werfe ich Dir vor, daß Du mich zur Verschwiegenheit erzogen hast. (...) warum haben wir uns niemals über die wichtigen Dinge unterhalten? Es ist nicht meine Schuld, daß ich alles, was in Deinem Kopf vorgeht, nur ahnen kann, es aber nie von Dir gehört habe.«[21] Weiter erklärt er, er sei nicht besonders glücklich da, wo er jetzt sei, aber er sei auch nicht an dem Ort glücklich gewesen, an dem er vorher gewesen sei: »Das ist ja der Unterschied zwischen uns«, schreibt Mark, »daß Du die Suche schon lange aufgegeben hast, ich sie aber als das einzige ansehe, was mir Spaß macht. Suchen bedeutet Bewegung, und ich will mich bewegen, das ist es, was ich Dir erklären wollte.«[22]

Mark tut dem Vater Unrecht, einer letzten Bewegung ist der schon fast Erstarrte immerhin noch fähig: Auf den Brief antwortet er, indem er sofort zum Sohn fährt, aber er findet ihn nicht und hinterläßt folgende Botschaft: »Komm zurück, so wichtig kann dir die Geschichte nicht sein, daß Du Deinen Vater umkommen läßt.«[23] Ob diese Botschaft den Sohn je erreicht, erfahren wir nicht. Noch unzählige Briefe schreibt der Sohn an den Vater, die alle unbeantwortet bleiben. Sein letzter Brief kommt aus Israel im Juni 1967. Daraus schließt der Vater, daß Mark im Sechstagekrieg gefallen ist.

Ist dieses Buch, wie Becker meinte, wirklich eine nachträgliche Reparatur, oder zeichnet es nicht vielmehr die Geschichte eines exemplarischen Scheiterns nach?

Sicher, mit der Benennung der Leer- und Bruchstellen ließe sich allenfalls arbeiten. Schließlich leuchtet es ein, daß Vater und Sohn in gleichem Maße recht und unrecht haben; es ist lediglich eine Frage der Perspektive.

Ihre Blindheit, ihr Eingeschlossensein in Vergangenheit und Gegenwart, ihre Verständnislosigkeit füreinander erreicht ihre Apotheose in Beckers Roman »Bronsteins Kinder«[24]. Hans Bronstein erzählt ein Jahr nach dem Tod seines Vaters, wie er erfuhr, daß sein Vater, KZ-Häftling aus Neuengamme, einen Lageraufseher entführt hat, um ihm Geständnisse über seine Mordtaten abzuringen. Der Vater glaubt, als Opfer die Legitimation für sein Handeln zu haben. Der Sohn ist der Ansicht, daß einer, der mit dreißig geschlagen worden ist, mit sechzig nicht das Recht hat, zurückzuschlagen. Sicher, ›Väterbücher‹ gehören seit den siebziger Jahren zum festen Bestandteil der zeitgenössischen Literatur; nur wurde das Problem zwischen den Generationen, zumindest in Deutschland, bisher immer aus der Perspektive der Täter erforscht. Jurek Becker dürfte der erste deutsche Schriftsteller sein, der sich dem Problem aus der Perspektive der Opfer stellt. Was Becker zeigt, ist, daß selbst für die Opfer die ›Gnade der späten Geburt‹ sich eher zu einem Fluch verkehrt, so jedenfalls erfährt es Hans Bronstein: Wenn man ihn vor den goldenen Thron riefe und ihn nach dem einen großen Wunsch fragte, eröffnet Hans seine Passionsgeschichte, brauchte er nicht lange zu überlegen: Nach dem steinernen Herzen würde er verlangen.

So liest sich »Bronsteins Kinder« wie ein Pendant zum »Boxer« – der Roman ist Umkehrung, aber auch Verschärfung des Vorgängers. Die Problematik wird um dreißig Jahre verschoben und scheint doch um nichts weniger aktuell. Wurde »Der Boxer« aus der Perspektive des verletzten Vaters, so wird »Bronsteins Kinder« aus der Perspektive des verletzten Sohnes erzählt. Im »Boxer« enthält der Vater dem Sohn seine jüdische Vergangenheit vor, in »Bronsteins Kinder« verweigert sich der Sohn seiner jüdischen Vergangenheit. Im »Boxer« konstruiert der Sohn sich eine neue Identität in Israel, entwickelt sich als Opfer zum Täter und stirbt dennoch als Opfer. In »Bronsteins Kinder« wird der Vater als Opfer zum Täter, um dann, auch er, seinem Racheakt als Opfer zu erliegen. Einmal Opfer, immer Opfer? Es kann kein Zufall sein, daß ausgerechnet der historische Täter, der KZ-Aufseher Heppner, unversehrt in den Westen entkommt.

Eine Verschärfung ist »Bronsteins Kinder« vor allem deshalb, weil die Verschwiegenheit, zu der sich Mark und Aron im Laufe der Jahre erst hin bewegen, darin schon von vornherein gegeben ist. Der Vater in »Bronsteins Kinder« heißt kommentarlos Arno; es ist anzunehmen, daß der Sohn von der Umstellung dieser zwei Buchstaben nie etwas erfahren hat, genausowenig wie der Vater ihm erzählt hat, daß er Jiddisch spricht. Wie Aron tabuisiert auch Arno seine Lagervergangenheit. In »Bronsteins Kinder« hat man sich schon in der Nicht-Mitteilung eingerichtet. Das Erzählen, das in Arons Boxerfabel noch einmal aufflackert, ist in »Bronsteins Kinder« völlig erloschen. Hier wird das Schweigen, genauer: das Verschweigen thematisiert. Becker versinnbildlicht diesen Zustand räumlich, indem er die Tür, die vom Zimmer des Sohnes zum Vater führen könnte, verschlossen hält; sie sei von einem Schrank verstellt, heißt es im Text. So stehen sich Vater und Sohn gegenüber wie Fremde, um nicht zu sagen: wie Feinde. Der Vater verschweigt dem Sohn die Entführung des KZ-Aufsehers, der Sohn verschweigt der Freundin seine Kenntnis davon. Diese Spirale des Verschweigens, die menschliches Miteinander gar nicht erst aufkommen läßt, erreicht ihren Höhepunkt in der Szene mit den Taubstummen am Ende des Buches, von denen Hans mehr in Erfahrung bringt als von seinem angeblich sprachmächtigen Vater.

Und doch weiß Hans einiges von seinem Vater, aber er kann dieses Wissen nicht nutzen. Zum Beispiel kennt er die ›Theorie‹ des Vaters zum Judesein, die er folgendermaßen referiert: »Es gebe überhaupt keine Juden. Juden seien eine Erfindung, ob eine gute oder eine schlechte, darüber lasse sich streiten, jedenfalls eine erfolgreiche. Die Erfinder hätten ihr Gerücht mit so viel Überzeugungskraft und Hartnäckigkeit verbreitet, daß selbst die Betroffenen und Leidtragenden, die angeblichen Juden, darauf hereingefallen seien und von sich behaupteten, Juden zu sein. Das wiederum mache die Erfindung um so glaubwürdiger und verleihe ihr eine gewisse Wirklichkeit. Immer schwerer werde es, die lügnerische Sache bis zu ihrem Anfang zurückzuverfolgen, sie sei von einem Brei aus Geschichte umgeben, durch den man mit Argumenten nicht mehr hindurchdringe. Am verwirrendsten aber sei es, daß so viele Menschen sich in ihre Rolle als Juden nicht nur gefügt hätten, sondern von ihr geradezu besessen seien und sich bis zum letzten Atemzug dagegen wehren würden, wollte man sie ihnen wegnehmen.«[25] Hans hätte also spüren müssen, daß sein Vater ein Besessener war und daß seine Besessenheit zu jeder Zeit aus ihm herausbrechen konnte. Aber so wie er den Entschluß gefaßt hat, ›Deutscher zu werden‹, so hat er auch beschlossen, dem ganzen jüdischen Syndrom den Rücken zu kehren. Er findet es obszön, wie »genußvoll an diesem Stück Vergangenheit herumgefingert wurde, und zwar von solchen, die (ihn) an Plünderer erinnerten«[26]. So antwortet er auf den Wahn des Vaters mit der ihm einzig möglichen Haltung, mit Vernunft. Wie im »Boxer« tun beide das für sie Richtige und machen doch alles falsch. Es ist ihnen unmöglich, aus ihren inneren Gefängnissen auszubrechen, der Vater aus dem der Vergangenheit, der Sohn aus dem der Gegenwart. Und dann gibt es noch die dritte Figur, die Schwester Elle, die, gerade weil sie äußerlich ›gefangen‹ ist, über innere Freiheiten verfügt, die sich der angeblich sozialisierte Vater und Sohn aus Gründen der gesellschaftlichen Anpassung versagt haben. Elles poetischer Idiolekt – im Gegensatz zu Hans bewegt sie sich in einer ihr ureigenen Sprache – ist deutlichstes Symptom dafür. Sie legt in ihrem angeblichen Irresein eine solche Lebensweisheit an den Tag, die ihre angeblich gesunden Familienangehörigen in ihrem Irresein erst entlarvt. Im Roman fingiert sie als ausgelebtes *alter ego* des Bruders, der bei seiner rigorosen Selbstzensur möglichst jede Leidensregung von vornherein in sich abzutöten trachtet.

Wäre »Der Boxer« aus der Sicht des Sohnes Mark geschrieben worden, hätte das Buch heißen können: ›Wie ich ein Jude wurde‹. »Bronsteins Kinder«, tatsächlich aus der Sicht des nachgeborenen Sohnes Hans geschrieben, hätte, wie schon erwähnt, heißen sollen: ›Wie ich ein Deutscher wurde‹. So wären für die Nachgeborenen der Opfer zwei Wege gangbar? Das militante Judentum im Zionismus (siehe Mark) oder die völlige Assimilation in deutschen Landen (siehe Hans)? Wohl kaum. Marks Weg ist sicherlich nicht Beckers Weg, und auch das Märchen vom so deutsch klingenden Hans führt, wie wir hören, nur ins Unglück. Von allen Romanen Beckers ist »Bronsteins Kinder« sicherlich der ratloseste. Und doch ist man versucht, in der Wahl des Namens – bekanntlich der bürgerliche Name Leo Trotzkis –, der diesem Buch seinen endgültigen Titel gab, einen Lichtschimmer zu erblicken.[27] Man möchte mutmaßen, daß er einen Anspruch verbirgt, daß die Juden nicht auf ewig dazu verdammt sind, die Opfer Hitlers zu bleiben, sondern sich dazu aufschwingen mögen, mit Trotzki und seiner permanenten Revolution zu Architekten einer noch uneingelösten gerechteren Zukunft zu werden. Wie prekär ein solcher Vorschlag sich gerade heute ausnimmt, wo selbst die Möglichkeit zum Sozialismus, wie Becker in einem Text zur deutschen Vereinigung beklagt[28], verspielt zu sein scheint, konnte der Autor 1986 noch nicht ahnen.

Es bedarf wohl kaum noch des Beweises, daß jemand, der solche Bücher verfaßt, nicht nur im Schatten der Shoah schreibt, sondern, weil von ihm schon längst eingeholt, sich wehrend, gegen diesen Schatten anschreibt. Je voluntaristischer sich Beckers Bemühen ausnimmt, diesem Schatten klare Konturen abzugewinnen, desto bewußter muß er sich werden, wie die Gewalt des Schattens ihn in die Sackgasse eines Schattenboxens treibt, weil die klar nachzuzeichnenden Konturen sich seinem Schreiben mit jedem weiteren Aufklärungsversuch zunehmend entziehen. Die Darstellung von Auschwitz muß *eo ipso* – selbst für den als Opfer so unentrinnbar Betroffenen – an seiner *Nicht*-Darstellbarkeit scheitern. Und die Kiste, die Becker mit seinen fingierten Erinnerungen spätestens mit »Jakob der Lügner« schon aufgebrochen hatte, wird deshalb um nichts leichter wiegen. Es kommt nicht darauf an, den Weg zu finden; daß Jurek Becker ihn neuerdings explizit sucht, markiert eine ganz neue Bereitschaft. Ein Suchender wird er bleiben. Wenn er auch dem Geheimnis seines Judentums mit seinen archäologischen Ausgrabungen noch nicht auf den Grund gekommen ist, so sind – nicht nur ihm – immerhin die *Abgründe* sichtbarer geworden.

1 In: Volker Hage: »Die Wahrheit über Jakob Heym«, in: »Die Zeit«, 15.3.1991. – **2** In: »Mein Judentum«, hg. v. H.J. Schultz, Berlin 1978, S. 10. – **3** In: »Das Ghetto in Lodz 1940–1944«, Wien 1991. Auch in diesem Band, S. 16. – **4** Ebd. – **5** Ebd. – **6** Ebd., S. 17. – **7** Ebd. – **8** Ebd., S. 18. – **9** Ebd., S. 16. – **10** Vgl. Anm. 2. – **11** Ebd., S. 10. – **12** Ebd., S. 13. – **13** Befragt nach seiner Niederlassung in der BRD, gibt Jurek Becker folgendes zu bedenken: »Im Grunde traf ich keine anderen Unannehmlichkeiten vor als die erwarteten an. Bis auf eine, die unvorbereitet kam: Plötzlich bin ich gezwungen, mich als Jude zu fühlen, was in meinem Leben in der DDR so gut wie keine Rolle gespielt hat.« In: »Frankfurter Allgemeine Zeitung«, 18.10.1980. – **14** Vgl. Anm. 2, S. 18. – **15** Ebd. – **16** Zitiert nach: »Jakob der Lügner«, Frankfurt/M. 1982 (= suhrkamp taschenbuch 774). – **17** Man ist hier erinnert an Tadeusz Borowskis Erzählungen »Die steinerne Welt«, München 1970, die in vielem ein direkter Gegenpol zu Beckers viel späterem Roman sind: »Die Hoffnung ist es, die den Menschen befiehlt, gleichgültig in die Gaskammern zu gehen, die sie davon abhält, Aufruhr zu planen; Hoffnung macht sie tot und stumpf. (...) Man hat uns nicht gelehrt, die Hoffnung aufzugeben. Deswegen sterben wir im Gas.« (aus: »Bei uns in Auschwitz«, S. 123). – **18** In: »Jurek Becker«, hg. v. K. Graf und U. Konietzny, München 1991, S. 65. – **19** Zitiert nach: »Der Boxer«, Frankfurt/M. 1981 (= suhrkamp taschenbuch 566). – **20** Ebd., S. 298. – **21** Ebd., S. 284 f. – **22** Ebd., S. 285. – **23** Ebd., S. 291. – **24** Zitiert nach: »Bronsteins Kinder«, Frankfurt/M. 1988 (= suhrkamp taschenbuch 1517). – **25** Ebd., S. 48. – **26** Ebd., S. 252. – **27** Vgl. dazu H. Krauss: »Jurek Becker. Ein jüdischer Autor?«, in: »Jüdische Intelligenz in Deutschland«, hg. v. J. Hermand und G. Mattenklott, Hamburg 1988, S. 139–146. – **28** Vgl. »Über die letzten Tage. Ein kleiner Einspruch gegen die große deutsche Euphorie«. In: »Neue Rundschau«, 1990, H. 1, S. 90.

Helmut Schmiedt

Das unterhaltsame Ghetto

Die Dimension des Raumes in Jurek Beckers »Jakob der Lügner«

Man möchte, was Tucholsky über die Satire sagte, auf die Kunst generell bezogen wissen: sie dürfe schlechthin alles; Tabus, Verbote, Anordnungen, wie dies und jenes darzustellen sei, möge es für sie nicht geben. Dennoch drängt sich hin und wieder selbst dem liberalsten Betrachter der Eindruck auf, die prätendierte Freiheit sollte auch aus außerkünstlerischen Gründen nicht immer vollständig genutzt werden; die Diskussionen um Filme wie Chaplins »Der große Diktator« oder Lubitschs »Sein oder Nichtsein« kreisen um den heiklen Punkt, wenn sie nach der Angemessenheit eines dezidiert ›heiteren‹ Umgangs mit der NS-Zeit unter besonderer Berücksichtigung ihrer düstersten Kapitel fragen.

Auch im Hinblick auf ein diesen Filmen thematisch verwandtes Werk Jurek Beckers lassen sich solche Überlegungen anstellen. »Es ist nicht eine Geschichte vom Widerstand, sondern von einem Heldentum ganz anderer Art; eine melancholisch-heitere, leise, eine kunstvoll komponierte Geschichte ist es, die ohne Phantasie und Menschlichkeit nicht denkbar wäre.« Wer unvorbereitet auf diesen besinnlichen Satz aus einem Klappentext stößt, wird kaum erraten, um was es in der angezeigten Geschichte geht: um Ereignisse in einem polnischen Ghetto während des Zweiten Weltkriegs; der Roman, auf den der Klappentext verweist, ist Beckers »Jakob der Lügner« (1969).[1] Die Frage drängt sich auf, ob es in einem ernst zu nehmenden literarischen Werk überhaupt möglich ist, dieses Thema »melancholisch-heiter« und »leise« abzuhandeln, und tatsächlich hat die Diskussion um jene Eigenart des Romans, die in dem zitierten Satz durchaus adäquat umrissen wird, die Kommentatoren intensiv beschäftigt. Während einige Leser mit tiefer Irritation reagierten[2], urteilte zum Beispiel Marcel Reich-Ranicki, Becker zeige eindringlich, »daß man auch vom Grauenvollsten leicht und unterhaltsam erzählen kann«[3]. Später ist dann die These von der unzulässigen »Verharmlosung der Wirklichkeit«[4] in Beckers Roman insbesondere noch mit dem Hinweis auf das kunstvolle Zusammenspiel der ethischen und der ästhetischen Motivation des Erzählens zurückgewiesen worden, das gegenüber dem Entsetzlichen der historischen Realität eine trostvolle Utopie aufscheinen lasse, ohne irgendetwas zu beschönigen oder zu überspielen.

Indessen stellt sich die Frage, wie denn nun dem Leser im einzelnen der von Unterdrückung, ständiger Bedrohung und vagen Hoffnungen gekennzeichnete Alltag im Ghetto vermittelt wird, eine »eigentlich nicht mitteilbare Brutalität und ein über unsere Begriffe gehendes Leiden«[5], das sich dem ›leichten‹ Ton doch völlig zu entziehen scheint. Sie stellt sich um so dringlicher, als auch das zentrale Geschehen des Romans – Jakob Heyms falsche Mitteilung, er besitze insgeheim ein Radio und wisse deshalb Bescheid über den Vormarsch der sowjetischen Armee, der in kurzer Zeit zum Abzug der Deutschen und zur Befreiung der Ghetto-Insassen führen werde – auf die Alternative zum deprimierenden Alltag zielt und sich das Ghetto-Leben ob dieser aus der Not geborenen Schimäre *de facto* bereits verändert: Man denkt insgeheim wieder an eine andersartige, bessere Zukunft, die Selbstmordrate geht drastisch zurück. Auf welche Weise bringt da also der Autor die Situation der Ghetto-Bewohner in ihrer ganzen Komplexität zur Anschauung?

Die Leitthese der folgenden Ausführungen lautet, daß Becker diese Aufgabe in erster Linie mit Hilfe einer spezifischen Gestaltung der Räume des Romans löst bzw. – genauer gesagt – mit der Darstellung von Ereignissen, die ihr besonderes Gewicht im Hinblick auf die Räume gewinnen, in denen sie stattfinden. In der literaturwissenschaftlichen Forschung ist schon häufig auf die große Rolle hingewiesen worden, die die Dimension des Raumes gerade im Bereich der Epik generell besitzt.[6] Die Konstellationen in der Ilias und der Odyssee: der allzu verriegelte und der allzu offene Raum sind in diesem Punkt so etwas wie Modelle für die extremen Möglichkeiten des Erzählens, und in der Regel sagt es schon sehr viel über Figuren in epischen Texten aus, ob, wie und unter welchen Umständen sie den Raum wechseln, also reisen können oder müssen.

Daß Beckers Werk sich unter diesem Blickwinkel ertragreich analysieren läßt, ist evident. Es stellt ja ganz überwiegend Personen vor, die unter dem Zwang stehen, auf unabsehbare Zeit ein klägliches Leben in den engen Grenzen des Ghettos zu führen; Stacheldrahtzäune und Wachttürme, auf denen mit Scheinwerfern und Maschinenpistolen bewehrte Posten sitzen, sorgen dafür, daß an Flucht nicht zu denken ist. Die hermetische Abriegelung des Ghetto-Raumes, die nur mit dem Willen der deutschen Besatzer durchbrochen werden kann: sie ist die Grundlage der geschilderten Ereignisse in einem sehr konkreten Sinne und zudem ein erstes, sinnlich wahrnehmbares Zeichen für die Ohnmacht der Juden und die Gewalt, die man ihnen antut. Im übrigen hat Becker in einem späteren Werk dieses Modell gleichsam umgedreht: In »Bronsteins Kinder« (1986) sperren während des Jahres 1973 ehemalige KZ-Häftlinge einen früheren KZ-Aufseher ein.

Die Begrenzung des Großraums der Handlung im »Jakob« hat unmittelbare Konsequenzen für deren Mikrostruktur. Zahlreiche wichtige Handlungslinien konzentrieren sich auf einzelne Räume: von Mischas Zimmer, in dem allein er den sexuellen Teil seiner Liebesfreuden mit Rosa genießen kann, über den Keller in Jakobs Haus, in dem angeblich das Radio versteckt ist, bis zum Dachboden desselben Gebäudes, auf dem Lina verborgen wird, ein achtjähriges Mädchen, das zufällig bei der Verschleppung ihrer Eltern übersehen wurde. Gerade weil den Figuren der Weg über die Grenzen des Ghetto-Raumes versperrt ist, gewinnen einzelne Räume innerhalb des Ghettos eine besondere Bedeutung, und im Ergebnis spiegelt sich die fundamentale Rolle, die die Dimension des Raumes in der Makrostruktur des Werkes spielt, in seiner Mikrostruktur.

Ist man erst einmal auf diese Zusammenhänge gestoßen, so fällt auf, wie intensiv der Text mit räumlichen Konstellationen und Assoziationen arbeitet. Daß Jakob die Funktion des Trösters zu übernehmen vermag, ist ja zurückzuführen auf die Illusion, er könne mit seinem Radio wenn nicht die realen Barrieren, so doch die daraus resultierenden Grenzen des Wissens von dem, was in der Außenwelt geschieht, überwinden; und das, was er von den dabei angeblich gewonnenen Erkenntnissen weitergibt, konzentriert sich wiederum auf eine räumliche Vorstellung: die Frontlinie rücke ständig näher. Hier handelt es sich um einen tragenden Pfeiler der Romanhandlung, aber Becker spielt mit dem Raum auch in geringfügigerem Kontext: Hin und wieder zum Beispiel sind den Juden kleinste, bescheidenste Triumphe gegenüber ihren Unterdrückern beschieden, und einer davon gelingt Jakob, als er während seiner Arbeit wiederholt über einen schlafenden Wachposten so hinwegsteigt, daß »ihm ein bißchen Sonne verloren (geht)« (36); hier kommt es einmal zu einer Begegnung zwischen Bewacher und Bewachtem, bei der dieser kurzfristig so etwas wie die Verfügungsgewalt über den Raum besitzt.

Das alles wäre nun nicht weiter bemerkenswert, wenn es bei Beobachtungen zum rein quantitativ erfaßbaren Gewicht des Faktors Raum bleiben müßte. Zusätzlich ist aber zu beachten, wie Becker im Detail mit ihm verfährt; und dabei stellt sich heraus, daß er ihn unter einem ganz bestimmten Aspekt problematisiert und daß dieser Vorgang eng mit den elementaren Umständen des Ghetto-Lebens zu tun hat.

Die Einkerkerung im Ghetto ist, wie schon gesagt, das erste und sichtbarste Zeichen für das Elend seiner Bewohner: In dem Verbot, die Grenzen zu überschreiten, zeigt sich geradezu schlaglichtartig, was den Juden angetan wird. Das ist aber nur die eine Seite. Zu den perversen Zügen des dortigen Alltags gehört es nämlich, daß das Ghetto zugleich so etwas wie eine Schutzfunktion besitzt: solange man darin lebt, befindet man sich immerhin noch nicht auf dem direkten Weg in die Konzentrationslager. Diese zweite, auf makabre Weise tröstende Funktion des Ghettoraums zeigt sich eindringlich in den wenigen Szenen, da Juden ihn verlassen müssen. Im ersten dieser Fälle handelt es sich darum, daß ein renommierter Mediziner zur Behandlung des herzkranken Obersturmbannführers Hardtloff hinausgefahren wird; vor die düstere Alternative gestellt, sich entweder durch einen ärztlichen Erfolg bei den übrigen Ghetto-Bewohnern in ein schiefes Licht zu setzen oder durch einen Mißerfolg den tödlichen Haß der Deutschen auf sich zu ziehen, nimmt er während der Fahrt Gift (204 ff.). Im zweiten Fall geht es darum, daß am Ende »alle Ghettobewohner« (276) ins KZ transportiert werden.

Der Großraum Ghetto erscheint, so betrachtet, ausgesprochen ambivalent. Zum einen teilen sich in seiner Einrichtung und in den näheren Umständen des Lebens darin Jämmerlichkeit und Unterdrückung mit, und überdies erweist er sich im Lichte des Romanendes doch nur als Durchgangsstadium auf dem Weg in die Vernichtungslager. Zum anderen aber gewinnt ein solches Durchgangsstadium gerade angesichts des Endes eigene Qualitäten, man kann sich in diesem Raum wenigstens vorübergehend relativ frei bewegen und sogar persönlichen Neigungen nachgehen; es ist da etwa an Mischa und Rosa zu denken, die das Glück einer großen Liebe genießen. Die Besonderheit des Ghettoraums ist Voraussetzung und Abbild des Alltags jener, die ihn bewohnen müssen und hoffen, ihn so lange bewohnen zu dürfen, bis die Sperren fallen.

Die Zwiespältigkeit des Großraums der Handlung überträgt sich auf die vielen kleineren Räume. Es gibt solche, an die sich durchgängig oder wenigstens zeitweise überwiegend konstruktive Gedanken knüpfen; von den genannten ist das etwa der Dachboden, auf dem die kleine Lina Zuflucht findet. Es gibt andere, bei denen an nichts als an Qualen und Tod zu denken ist; ein Beispiel bietet jener Waggon, der aussieht wie die üblichen Güterwagen, die die Zwangsarbeiter beladen, und aus dem dennoch menschliche Stimmen dringen – eine Vorwegnahme des Schicksals, das den Ghetto-Bewohnern schließlich beschieden ist.

Vor allem aber gibt es, der Beschaffenheit und Funktion des Großraums entsprechend, Räume, die sich ihrerseits durch jene Ambivalenz auszeichnen. Nachdem Jakob zu Beginn der Erzählung das Reviergebäude der Deutschen unversehrt hat verlassen dürfen, muß er einen »weite(n) Platz« (20) überqueren; es ist wenige Minuten vor acht Uhr, und nach acht darf kein Jude mehr auf der Straße sein. Die Szene wirkt, wiederum auf makabre Weise, ›spannend‹: Wird Jakob von dem hier postierten Soldaten gesehen, droht ihm neue Unbill; geschieht das nicht, wird er ungefährdet nach Hause gelangen. Der »weite Platz« also trennt Jakob vom endgültig erfolgreichen Abschluß seines Revier-Abenteuers, und damit verweist er einerseits auf eine Rettung, an die eigentlich gar nicht zu denken war – denn zuvor hat kein Jude das Gebäude lebend verlassen –, und er richtet andererseits noch einmal eine besonders hohe Hürde vor diesem Erfolg auf. Hier geht es ganz konkret und punktuell um das Nebeneinander von Gefährdung und Rettung, wie es für das Ghetto insgesamt charakteristisch ist.

An anderen Stellen werden abweichende Akzente gesetzt. Die eine Zeitlang zunehmend optimistische Stimmung im Ghetto stützt sich ausschließlich auf Jakobs wohltätige Erfindungen; ein Pendant dazu bieten die Liebesnächte von Rosa und Mischa in Mischas Zimmer. Es gibt einen Mitbewohner dieses Raumes, der in allen Nächten anwesend ist, und unter diesen Umständen zeigt sich Rosa zunächst nicht bereit, das Lager mit dem Geliebten zu teilen; aber Mischa redet ihr ein, der Mann sei taubstumm, und einer visuellen Anteilnahme an den Liebesszenen beugt er vor, indem er im Zimmer eine spanische Wand errichtet. So wie sich die Ghetto-Bewohner insgesamt durch den Glauben an die näherrückende Front über ihre *de facto* verzweifelte Lage hinwegtrösten, so täuscht Mischa Rosa über die Peinlichkeiten einer Situation, die unter anderen Umständen gar nicht entstehen würde.

Eine weitere ›spannende‹ Szene gilt dem Toilettenhaus auf dem Bahnhofsgelände, dessen Nutzung den deutschen Wächtern vorbehalten ist. Jakob beobachtet, wie einer von ihnen eine Zeitung dorthin mitnimmt und ohne sie zurückkehrt. Da die Ghetto-Bewohner keine Zeitungen lesen dürfen, sieht Jakob hier einmal die Möglichkeit, tatsächlich an aktuelle Informationen aus dem Weltgeschehen zu gelangen. Er schafft es auch, ungesehen in das Häuschen zu gelangen, aber bevor er es wieder verlassen kann, steht ein Wachposten davor, den ein unaufschiebbar dringendes Bedürfnis plagt: »Beeil dich, Kamerad, ich habe Durchfall.« (106) Nur dem selbstlosen Einsatz eines anderen Arbeiters ist es zu verdanken, daß Jakob ungeschoren davonkommt. In dieser Episode wird der Raum zu einer Falle, die sich zunächst verlockend tarnt: Jakob erliegt dem Reiz des Gedankens, er könne an diesem Ort fundiertes Material für seine nächsten Nachrichten finden – aber er gerät dabei in Lebensgefahr, und überdies entdeckt er in den zurückgebliebenen Zeitungsseiten nur völlig belanglose Meldungen. Auch in dieser Szene teilt sich pointiert vieles von dem mit, was das Romangeschehen insgesamt auszeichnet und vorantreibt: die Spannung zwischen illusionären Hoffnungen und radikaler Enttäuschung, zwischen abwegig anmutenden Vorschriften zu Kleinigkeiten und der gewaltigen Gefahr, die ihre Übertretung nach sich zieht, schließlich auch die Suggestionskraft des Spiels mit dem Radio, der nicht zuletzt Jakob selbst erliegt, obwohl es ihn von Anfang an immer wieder in Bedrängnis bringt.

Man kann nun aber bei der Analyse der Raumdimension noch einen Schritt weiter gehen und beobachten, welche Veränderungen bestimmte Räume und räumliche Vorstellungen im Verlauf der Handlungsentwicklung erfahren: Es liegt nahe, daß Becker unter dem hier besprochenen Aspekt nicht nur die elementare Lebenssituation der Ghetto-Bewohner zur Sprache bringt, sondern auch die Wandlungen, denen sie im einzelnen unterliegt. Ein herausragendes Beispiel dafür bietet Mischas Zimmer. Wie schon erwähnt, ist Mischas Geliebte nur deshalb bereit, bei ihm zu übernachten, weil er den Mitbewohner Isaak Fajngold durch eine »Wand aus Schrank und Tuch« (64) absperrt und ihr außerdem einredet, der Mann sei taub und stumm; die von Jakob erzeugten Illusionen spiegeln sich also in denen Rosas, was die Lebens- und Liebesverhältnisse in Mischas Zimmer betrifft. Und so wie Jakobs Erzählungen sich am Ende als grundlos erweisen, so treten auch die Schattenseiten des Lebens bei Mischa immer deutlicher hervor: teils für den Leser, teils für die Figuren. Fajngold ist plötzlich verschwunden und taucht nie wieder auf: Er hat am Morgen die Wohnung verlassen, um zu seiner Arbeitsstelle zu gehen, ist dort aber nicht angekommen. Sehr zum Erstaunen Mischas beharrt Rosa dennoch darauf, daß die spanische Wand erhalten bleibt. Sie insistiert also auf dem weiteren Bestehen einer jener künstlichen Konstruktionen, mit denen sich die Ghetto-Bewohner ihr Leben erleichtern wollen, und indem sie das tut, bezeugt sie den ungeheuren Wert dieser Konstruktionen und damit indirekt erst recht auch das Ausmaß des in Wahrheit herrschenden Elends.

Gegenüber Fajngolds Verschwinden kann Rosa immerhin noch die Augen verschließen bzw. sie kann ihn durch den Fortbestand jener Wand illusionär herbeibeschwören; um so grauenhafter ist ihr nächstes bemerkenswertes Erlebnis in diesem Zimmer. Eines Tages erfährt Mischa, daß die Bewohner der Franziskaner Straße deportiert werden sollen; dort wohnt Rosa mit ihren Eltern. Es gelingt Mischa, die ahnungslose Geliebte auf dem Heimweg von der Arbeitsstelle rechtzeitig abzufangen und unter falschen Vorwänden in seine Wohnung zu dirigieren; mithin entgeht sie, anders als ihre Eltern, zumindest für kurze Zeit der Verschleppung. Unglücklicherweise wird aber der Zug der Deportierten ausgerechnet durch die Straße geleitet, in der Mischa wohnt, und so sieht Rosa völlig unvorbereitet von seinem Fenster aus, wie Nachbarn, Freunde und auch ihre Eltern fortgeführt werden. Mischa hat sich, als er die Reihen der Unglücklichen in der Ferne bemerkte, überlegt, ob er das Mädchen aufs Bett werfen und abküssen solle, »als wäre es plötzlich über einen gekommen« (228); aber er verwirft den Gedanken und läßt Rosa am Fenster stehen »bis zu dem entsetzlichen Anblick, der bleibt ihr nicht erspart« (229). Der Raum, in dem zunächst Lust und Liebe gediehen sind, hat sich in eine Stätte verwandelt, von der aus man Entsetzliches beobachten muß; und das Bett, in dem Mischa und Rosa so viele Stunden verbracht haben, ist nur noch den flüchtigen Gedanken an eine verzweiflungsvoll simulierte sexuelle Erregung wert. Unmittelbar darauf zeigt sich freilich auch wieder die andere Seite des Raumes: Rosa wird fortan bei Mischa wohnen, das Zimmer gewährt ihr Schutz.

Während sich hier ein Einbruch der grauenhaften Alltagsrealität über drei deutlich markierte Etappen: Liebesszenen und Täuschung – Fajngolds Verschwinden – Zug der Deportierten, vollzieht, also gleichsam eine sukzessive Überwältigung des Illusionären durch das krude Wirkliche, konzentrieren sich die an Räume geknüpften Erlebnisse der kleinen Lina durchweg auf den Bereich des Illusionären. Lina hat zufällig von Jakobs angeblichem Radio gehört und sucht es zunächst heimlich auf eigene Faust; was sie findet und für das Gesuchte hält, ist eine Petroleumlampe (143 ff.): ein verständlicher Irrtum, denn das Kind hatte nie die Gelegenheit, ein Radio zu sehen. Wenig später indes spielt Jakob ihr ›Radio‹ vor: Er setzt Lina in einen Teil seines Kellers, sich selbst in einen davon abgetrennten anderen und imitiert mit ständig wechselnden Stimmen und wachsendem künstlerischen Ehrgeiz zunächst ein Interview mit Winston Churchill und dann die Musik einer ganzen Blaskapelle. Lina aber schleicht Jakob nach, durchschaut sein Spiel und ist nun »nach Indien gefahren und hat Amerika entdeckt«; dabei ist für sie »das Vergnügen am Zuhören (...) nicht kleiner geworden« (170), denn in der Hermetik des Ghettoraums erscheint ihr das eine so wundersam wie das andere. Die Verhältnisse und Vorgänge im Keller, Jakobs Simulation des radikalen Anderswo, des Erzählers Redewendung von Indien und Amerika: all diese Einzelheiten, in denen sich die Zwänge des Ghettos und die durch sie provozierten Hoffnungen niederschlagen, werden wesentlich durch Elemente des Räumlichen konstituiert.

Als dritte seiner Radiosendungen gibt Jakob die Märchenerzählung von der kranken Prinzessin zum besten. Diese junge Dame wird von dem Wunsch bewegt, eine Wolke zu besitzen, »Aber eine richtige!« (172). Als ihr die niemand verschaffen kann, erkrankt sie so schwer, daß der Tod droht. Erst der Gärtnerjunge, mit dem sie in der gemeinsamen Kinderzeit gespielt hat, hilft ihr. Auf seine Frage, woraus Wolken bestehen, erklärt sie ihm, sie seien aus Watte, und auf die weitere Erkundigung nach ihrer Größe spricht sie von einem Kissen. Alsdann präsentiert er ihr als Wolke ein Stück Watte, das so groß wie ein Kissen ist, rettet sie damit und darf sie zur Belohnung heiraten. Lina hört auch diesmal aufmerksam zu; aber als sie später anderen Kindern das Märchen erzählt, erweist es sich, daß sie einem Mißverständnis aufgesessen ist: Sie spricht davon, die Prinzessin wünsche sich zur Heilung ihrer Krankheit »ein Stück Watte (...), das so groß sein muß wie ihr Kopfkissen« (183). Am Ende, als alle Ghetto-Bewohner zusammengepfercht in den Waggons hocken, die sie ins KZ transportieren, gibt Lina explizit ihrer Überzeugung Ausdruck, daß Wolken aus Watte bestehen (281), bevor eine andere Person sie aufklärt.

Auch dieses Märchen und das Verständnis, das es bei Lina findet, lassen sich im wesentlichen im Hinblick auf räumliche Komponenten analysieren. Wenn die Prinzessin sich zwar nicht das Blaue, aber immerhin eine Wolke vom Himmel herunterwünscht, wenn sie sich über die Beschaffenheit der Wolken naiv-falsche Vorstellungen macht, die ihr dann aber – scheinbar – bestätigt werden, so hängt sie Träumen von der Überwindung gewaltiger Entfernungen und unüberschreitbarer Grenzen nach, wie es die auf Jakobs Radio vertrauenden Ghetto-Bewohner tun; aber anders als bei ihnen gibt es für sie kein böses Erwachen. Das Märchen wiederholt also nicht nur das, was Jakobs Erzählungen vom Radio bei ihren Zuhörern anrichten, sondern zeichnet auch ein Gegenbild dazu: Es kündet bestätigend von der Macht der Illusionen und auch – da endet die Parallele – von der verheißungsvollen Dauer dieser Macht. Linas profane Deutung spiegelt diesen Vorgang auf einer anderen Ebene: Indem sie Wolken und Watte durcheinanderwirft, erkennt sie die gigantische Distanz zwischen Himmel und Erde nicht an und unterliegt insofern ähnlichen Illusionen wie die Prinzessin; aber als einer im Rahmen des Romangeschehens ›realen‹ Person ist es ihr nicht gestattet, bei diesem Irrtum zu verharren, und damit ergeht es ihr wiederum nicht anders als denen, die lange Zeit an Jakobs Frontberichte glaubten. Derjenige, der Lina über die wahre Beschaffenheit der Wolken aufklärt, ist im übrigen kein anderer als der Ich-Erzähler des Romans.

Wir haben es hier mit dem bemerkenswerten Umstand zu tun, daß eine kleine Fabel innerhalb des Gesamtromans dessen Umgang mit der Zwiespältigkeit des Raumes teils spiegelt, teils aufhebt. Jakobs Erfolg, da er zu Beginn der Ereignisse den teilweise lockenden, teilweise drohenden weiten Platz vor dem Revier überwunden hat, zieht Triumphe auf Widerruf nach sich; der Triumph der Prinzessin, die große Distanz zwischen Erde und Wolken überwunden zu sehen, wird dauerhaft glückliche Folgen zeitigen.

Diese Konstellation bleibt tatsächlich allein dem Märchen vorbehalten. Selbst Linas Erfahrungen mit der Geschichte nähern sich am Ende wieder dem trostlosen Alltag an: ein denkwürdiges Zeichen für die Macht der Phantasie gegenüber der grauenvollen Realität, wobei freilich das eine keineswegs zu Lasten der Schilderung des anderen geht, und insofern auch ein Plädoyer, das der Autor Jurek Becker in eigener Sache hält.

Die zuletzt genannten Beispiele lassen erkennen, daß Beckers Spiel mit den Räumen in seinen Veränderungen genau registriert, wie es um diejenigen des zentralen Geschehens bestellt ist: Jakobs Schilderungen klingen immer optimistischer, während der Abtransport der Ghetto-Bewohner immer näher rückt; zu diesem Widerspruch paßt es, daß sich Rosas und Mischas Liebesnest in eine Stätte des Entsetzens verwandelt und daß sich – von außen betrachtet – selbst noch in der Vorstellungswelt des Kindes das Schicksal niederschlägt, das den Hoffnungen seiner erwachsenen Schicksalsgenossen beschieden ist.

Auf den letzten Seiten präsentiert Becker zwei Versionen des Romanschlusses: eine relativ optimistische, bei der zwar Jakob ums Leben kommt, die übrigen Juden aber von den eintreffenden Russen befreit werden, und eine »wirkliche und einfallslose« (272), in der sie alle ins KZ transportiert werden. Die erste Version verzeichnet eine Reihe von aufregenden Bewegungen durch den Raum: Jakobs Radio ist angeblich gestohlen worden, überall sucht man nach dem Dieb, Lina zieht zu Mischa und Rosa, Jakob will aus dem Ghetto flüchten. Die zweite kennt nur einen solchen Vorgang von größerer Bedeutung: eben die erzwungene Abreise aller Juden; sie erstickt sozusagen jede sonstige Bewegung. Man kann in der ›optimistischen‹ Schlußversion die Erfüllung jener konstruktiven Verheißungen der Räume sehen, in der katastrophalen die konsequente Ergänzung ihrer bedrohlichen Züge; die Ambivalenz des Raumes faltet sich am Ende gewissermaßen auf zu zwei separaten Geschichten.

Es mag nun erkennbar geworden sein, wie intensiv das Werk durch das Spiel mit dem Raum geprägt wird. Das Zentrum des Plots und zahlreiche Einzelheiten; die reale Situation der Figuren und die Hoffnungen, mit denen sie darauf reagieren; Geschehensabläufe von unterschiedlichstem Gewicht: das alles läßt sich im Rahmen dieses Themas ertragreich analysieren, wobei es in der Regel gerade die jeweilige Ausprägung der besprochenen Zwiespältigkeit ist, die den einschlägigen Szenen und Handlungsabläufen ihre speziellen Konturen verleiht. So scheint es, als zeichne sich hier auch eine Antwort auf das eingangs berührte Dilemma ab, wie über das Grauen des Ghetto-Lebens trotz des ›leichten‹ Tons angemessen und so plausibel wie möglich zu berichten sei. Der eindrucksvoll differenzierte Umgang mit dem Raum nimmt dem Leser die Möglichkeit, das ›heiter-unterhaltsame‹ Erzählen als Zynismus und Frivolität zu verbuchen. Mehr noch: Er ist das, was die literarische Welt dieses Romans zu einem wesentlichen Teil zusammenhält und sie – wenn es das überhaupt geben kann – als adäquate Reaktion auf den historischen Stoff erscheinen läßt.

1 Der Roman wird zitiert – im Text mit Seitenangaben in Klammern – nach der Ausgabe Frankfurt/M. 1979. – 2 Vgl. die unter dem Titel »Moral Issues in Jurek Beckers ›Jakob der Lügner‹. Contributions to a Symposium« abgedruckten Beiträge in: »Seminar«, 1983, H. 4, S. 265–292. – 3 Marcel Reich-Ranicki: »Zur Literatur der DDR«, München 1974, S. 145 und 148. – 4 Heinz Wetzel: »›Unvergleichlich gelungener‹ – aber ›einfach zu schön‹? Zur ethischen und ästhetischen Motivation des Erzählens in Jurek Beckers Roman ›Jakob der Lügner‹«, in: »Ethische contra ästhetische Legitimation von Literatur. Akten des VII. Internationalen Germanisten-Kongresses«, Bd. 8, hg. v. Walter Haug und Wilfried Barner, Tübingen 1986, S. 109. – 5 Ebd., S. 112. – 6 Vgl. etwa »Landschaft und Raum in der Erzählkunst«, hg. v. Alexander Ritter, Darmstadt 1975.

Hannes Krauss

Sprachspiele – bitterernst

Eine lockere, gleichwohl präzise Sprache zeichnet nicht nur die Dialoge von »Liebling Kreuzberg« aus, sondern auch Jurek Beckers Romane, Interviews und literarische Essays. Der Duktus ist schwer zu beschreiben, noch schwerer zu imitieren: eine eigentümliche Mischung aus Kargheit und gedanklicher Präzision, einleuchtend klar und schnörkellos; eine Synthese aus Anstrengung und Leichtigkeit, die keine Nachlässigkeit und kein überflüssiges Wort toleriert. Nicht Fabulierlust prägt diese Sprache, eher ein Hang zur Minimalisierung und eine fast zwanghafte Suche nach *der* zutreffenden Formulierung. Das erinnert an den Ehrgeiz eines Leistungssportlers, Bewegung optimal in Nutzen umzusetzen: Ästhetik, die aus der Perfektion erwächst. Beckers Bestreben, Sachverhalte mit einfachen Mitteln möglichst exakt auszudrücken, schafft in der Summe neue Komplexität. Nicht spannungslose Gradlinigkeit kommt an Ende heraus, sondern ein mitunter fast heimtückischer Doppelsinn: Beiläufige Attribute und Requisiten können Signale und Chiffren sein, oder den Leser bloß in die Irre führen – manchmal auch beides zugleich.

Für einen, dem wie Becker der Zusammenhang zwischen Leben und Schreiben[1] unentrinnbar wurde, ist Literatur nie als Spiegel aktueller Befindlichkeiten oder als Bekenntnis-Medium denkbar. »Schreiben«, so resümiert er in seiner Frankfurter Poetikvorlesung, heiße, »Kontrolle über seine Motive zu gewinnen, also zu größtmöglicher Bewußtheit zu gelangen«; deshalb schrecke ihn der Gedanke, »mit Schaum vor dem Mund« zu schreiben.[2] In seinen Romanen spielt er vorstellbare (d.h. nicht real erlebte) biographische Konstellationen mit den Mitteln der Fiktion durch. Hier will nicht einer, der Schreckliches erlitten hat, durchs Aufschreiben seiner Emotionen Herr werden, sondern einer, dem die Schrecken sogar die Erinnerung geraubt haben, schafft sich in Literatur Ersatz. Da andere Quellen verschüttet sind, muß sich seine Literatur auf Recherche und Reflexion gründen. Das fördert eine handwerklich perfekte Diktion, die gleichzeitig hilft, allzu offenkundige Emotionen zu verbergen. Kriterien guter Literatur sind ihm »Tiefgründigkeit, Sprachgenauigkeit oder Ernsthaftigkeit«[3]. Beckers Texte sind Konstrukte – was spielerischen Umgang mit Elementen und Versatzstücken der Realität nicht ausschließt. Das Bild eines Spielers, der vorgefundene Bausteine aufnimmt, bearbeitet und phantasievoll neu zusammensetzt, mag dieses Prinzip – ungenau – umschreiben. Natürlich können solche Bücher auch oberflächliche Lesebedürfnisse befriedigen. Wer die Romane und Erzählungen identifikatorisch liest, mag sich blendend unterhalten; noch in banalen Alltagsbeobachtungen gerät ihm das schmerzhafte Wiedererkennen eigener Defekte durch die schneidende Präzision der Beschreibung zum Lese-Vergnügen. Einfache Lektüre und leichter Genuß werden indes häufig gestört durch irritierende Motive und provozierende Signale, nicht selten durch überraschende, aufs Judentum verweisende Chiffren oder scheinbar willkürlich eingesetzte jüdische Namen.

Jurek Becker will sich keine Blößen geben: in seinen literarischen Texten so wenig wie in öffentlichen Äußerungen (Interviews, Diskussionen). Wer ihn mehrfach bei Lesungen erlebt, dem fällt auf, daß er manches Bonmot quasi aus dem Stehsatz präsentiert. Gerne pariert er beispielsweise textkritische Einwände mit dem Vorwurf, man spräche zu ihm »wie ein Ornithologe zum Vogel«. Auch andere scheinbar spontane Äußerungen klingen wohlkalkuliert-druckreif. 1977 vom »Spiegel« befragt, ob nach der Biermann-Ausbürgerung auch er demnächst auszureisen gedenke, antwortete er: »Wenn es (...) darum geht, den Mund zu halten, dann halte ich den Mund lieber auf den Bahamas.«[4]

Die Wiederholung solcher Pointen zeugt weniger von Eitelkeit als von der Freude über eine gelungene Formulierung. Offensichtlich tarnt Becker sich hinter verschiedenen Rollen: In der Öffentlichkeit spielt er gerne den Provokateur, im Privatleben mitunter einen »oberflächlichen, anmaßenden und rechthaberischen Gernegroß«[5]. Derlei Maskeraden sind Zeichen eines ausgeprägten Mißtrauens gegenüber jenen, unter die er einst als Kind – ohne sein Zutun – geraten war und deren Sprache ihm jetzt den Rohstoff für seinen Beruf liefert. Im Verhältnis zur Sprache artikuliert sich denn auch sein Bedürfnis, keine Schwächen zu zeigen, besonders deutlich. Rückblikkend schildert er die Genese seines Spracherwerbs so: Deutsch war nicht Muttersprache, sondern »Resultat einer organisierten Anstrengung«. Als er nach dem Krieg in Berlin zum ersten Mal eine Schule besuchte, konnte er »als einziger weit und breit nicht richtig sprechen«. »Es war für mich beinahe eine Existenzfrage, so schnell wie möglich mein Deutsch zu verbessern: Je eher ich die Fehler ausmerzte, um so seltener wurden die anderen darauf gestoßen, daß ich ein Fremder war. Und wenn die Fehler ganz und gar aufhörten, würden sie mich eines Tages, wenn auch fälschlicherweise, sogar für einen der ihren halten.«[6] Hinter lakonischen Sätzen verbirgt sich ein existentielles Dilemma. Durch die Vernichtung seiner Familie und die Verschleppung aus der Heimat einer gewachsenen Identität beraubt, mußte sich der polnische Jude Becker dort, wohin er nicht freiwillig gekommen war, eine neue suchen. Verfügbare Zwangs-Identitäten (als gläubiger Jude, als Opfer, als Adressat von Mitleid) konnte oder wollte er – nach dem Vorbild des Vaters – nicht akzeptieren. Es blieb ihm, ein Deutscher zu werden. Das hieß, im Lande der Täter deren intellektuelle Merkmale (Sprache, Denktraditionen) sich anzueignen, sich mit Hilfe der Sprache unter die Nachkommen seiner potentiellen Mörder zu mischen. Das genügte, um nicht aufzufallen, konnte aber nicht verwischen, daß entscheidende Phasen der Lebensgeschichten konträr verlaufen waren. Mit derselben Sprache mußte sich Becker deshalb zur Wehr setzen gegen gängige Bewältigungsmuster, vorschnelle Erklärungen, Verdrängungen, aufgezwungene Rollen, Sentimentalitäten und oberflächliche Harmonisierungen.

Weil er um die Brüchigkeit seiner Identität weiß, weil er seine durch die Biographie vorgezeichnete Verletzbarkeit kennt, hat er eine ausgeprägte Abwehr gegen Mitleid entwickelt. Offensichtlich will er nie mehr in Situationen geraten, in denen er sich nicht selbst helfen könnte. Sein kalt anmutender Hang zu sprachlicher Perfektion ist demnach Ausdruck eines Autarkiebedürfnisses. Präzision soll vor »Denkschwäche« schützen; die Literatur wird zum Medium »größtmöglicher Bewußtheit«[7]. Vor emotionaler Blicktrübung bewahren Ironie und Verfremdung: »Ich suche den einem Stoff unangemessenen Erzählstil. Wenn ich eine Geschichte erzählen möchte, die man, wenn man nichts anderes hört als die äußeren Umstände, als Tragödie empfindet, suche ich den komischen Weg, sie zu erzählen. Wenn ich eine Geschichte habe, die saukomisch klingt, suche ich die Tragödie daran.«[8]

Beckers Aversion gegen Denkschwäche, sein Insistieren auf Intellektualität und die Abwehr emotional geprägten Schreibens erinnern an aufklärerische Ideale. Herkunft und Leidensgeschichte des Autors verweisen auf ein weiteres Erklärungsmuster: Jene »Kälte«, die, Adorno zufolge, »das Grundprinzip der bürgerlichen Subjektivität (ist), ohne das Auschwitz nicht möglich gewesen wäre«, bildet zugleich die einzig mögliche Rechtfertigung fürs »Weiterleben« dessen, der »zufällig entrann obwohl er rechtens hätte umgebracht werden müssen«.[9] Der Bezug zu Adorno bleibt bei Becker indes äußerlich. Vor den dort anklingenden (von Primo Levi oder Jean Améry später gezogenen) Konsequenzen schützt er sich weniger durch theoretische Reflexion als durch spielerischen Umgang mit dem literarischen Material (Sprache, Figuren, Handlungsstränge). Neugierig seziert er das Gesehene, probiert wie ein Schachspieler mögliche Züge aus und spielt gleichzeitig mit den Erwartungen der Zuschauer, die er durch unkonventionelle Spielzüge und Regelverstöße provoziert. Kalkül, Spiel und Provokation werden zu Waffen gegen eine um sich greifende irrationale Inhumanität. Vielleicht, so Beckers Fazit seiner Frankfurter Vorlesung, sei es »die letzte mir verbliebene Schriftstellertugend«, »eine Position einzunehmen und, wenn endlich Einigkeit über diese Position zu herrschen schien, mich nach einer neuen umzusehen«[10].

Was wie Lust an der Provokation klingt, verweist auf eine lebensgeschichtliche Zwangslage. Im Grunde blieb der nach Deutschland gekommene polnische Jude ein Erzähler ohne Geschichten, weil ihm die Basis aller Geschichten, die Kindheit, fehlt. Zwar bemühte er sich (in »Jakob der Lügner« und in »Der Boxer«), Kernstücke der geraubten Erinnerung zu rekonstruieren und denkbare Alternativen auszuprobieren; zwar konnte er später (in »Aller Welt Freund«, »Nach der ersten Zukunft« und »Amanda herzlos«) auf Erfahrungen und Erlebnisse (als Pole in der DDR, als Sozialist in der Bundesrupublik) zurückgreifen; Grundlage für eine ungebrochene Existenz war dies indes nicht. So schillert auch durch seine späteren Texte der Zweifel der Ungewißheit. Wenn, wie in »Amanda herzlos«, Sachverhalte (Beziehungsprobleme) scheinbar eindeutig und überschaubar sind, dann gerät ihm das Spiel mit literarischen Mitteln um so heftiger. Kunstvoll werden die Grenzen zwischen Fiktion und behaupteter Realität bis fast zur völligen Auflösung (Roman in der Novelle im Roman) verwischt. Im Spiel ist es dem wider Willen unter die Deutschen geratenen Autor möglich, dabeizusein, ohne mitzumachen; Ironie wird zum Schutzraum einer nichtteilnehmenden Präsenz.

Dem Leser macht er es damit natürlich nicht leicht. Er erfindet, »lügt«, enttäuscht Erwartungen, inszeniert Unerwartetes – kurz, er demonstriert permanent, daß wir's nicht mit dem Leben, sondern mit Literatur zu tun haben. Nachgerade hemmungslos spielt er mit deren Verfahren, auch mit Klischees (in ihrer Struktur ja genuin literarische Mittel), die er einsetzt, um sie augenzwinkernd zu entlarven. Schablonisierung und Vereinfachung von Komplexitäten gerät ihm zur Warnung vor naturalistischen Abbildern der Wirklichkeit. Beiläufige Ungereimtheiten verhindern, daß man sich von der komfortablen Leichtigkeit des Stils zu oberflächlichem Genuß verführen läßt. Er will uns damit keineswegs den Spaß verderben, aber er will uns auf Assoziationswege locken und in Gedankenspiele verwickeln, die geeignet sind, beim Lesen jene Klarheit zu befördern, die zu erreichen für ihn ein Schreibmotiv war.

Für den Autor ist das schweißtreibende Arbeit. Einer seiner Ich-Erzähler definiert »Schreiben (...) als eine endlose Reihe von Zweifeln, die zugunsten eines Satzes schließlich überwunden werden müssen«[11]. Was als Spiel sich gibt, entpuppt sich so als verzweifeltes Agieren in den Spielräumen der Kunst. Dort dürfen die Zuschreibungen und Zwangsläufigkeiten des wirklichen Lebens und seiner Geschichte willkürlich verändert, umgesetzt und verfremdet werden. Dort darf der vom Faschismus seiner Erinnerung Beraubte und gleichzeitig mit ihr Geschlagene nach Herzenslust und Herzensqual so tun, als ob er sich einen Teufel um Konventionen und Traditionen kümmere. Dort kann der, dem – vordergründig – die sozialistische Vision abhanden gekommen ist, immer noch die Sehnsucht nach einer besseren Welt pflegen. In den Endtagen der DDR bekannte Jurek Becker: »Wenn der Sozialismus aus dem Kreis der möglichen Lebensformen ausscheidet, dann fängt, so glaube ich, die Weltuntergangsstimmung erst richtig an.«[12] Davor scheint er sich wirklich zu fürchten, und deshalb schreibt er weiter. Schließlich ist »der Schreibtisch (...) der einzige Ort, an dem ich ein kleines bißchen fliegen kann«[13].

1 Vgl. den Beitrag von Irene Heidelberger-Leonard in diesem Heft, S. 19. – 2 Jurek Becker: »Warnung vor dem Schriftsteller«, Frankfurt/M. 1990 (edition suhrkamp 1601), S. 31. – 3 Ebd., S. 50. – 4 »Der Spiegel«, 18.7.1977, S. 133. – 5 Heinz Kahlau: »Verteidigung eines Vaters«, in: »Liebes- und andere Erklärungen. Schriftsteller über Schriftsteller«, hg. v. Annie Voigtländer, Berlin, DDR, Weimar 1972, S. 21. – 6 Jurek Becker: »Warnung...«, a.a.O., S. 10 ff. – 7 Ebd., S. 31. – 8 Karin Graf und Ulrich Konietzny: »Jurek Becker«, Berlin 1991 (Werkheft Literatur), S. 65. – 9 Theodor W. Adorno: »Negative Dialektik«, Frankfurt/M. 1975 (stw 113), S. 355 f. – 10 Jurek Becker: »Warnung...«, a.a.O., S. 84. – 11 Jurek Becker: »Amanda herzlos«, Frankfurt/M. 1992, S. 143. – 12 Jurek Becker: »Die Suppe ist eingebrockt«. In: »Die Zeit«, 6.10.1989. – 13 Jurek Becker, in: Begleitheft zur Ausstellung der Stadt- und Universitätsbibliothek, Frankfurt/M. 1989, S. 6.

Martin Krumbholz

Standorte, Standpunkte

Erzählerpositionen in den Romanen Jurek Beckers

In seiner zweiten Frankfurter Vorlesung hat Jurek Becker im Sommer 1989 harsche Kritik am gegenwärtigen Literaturbetrieb geübt. Den Büchern fehle zunehmend »die Dimension Auflehnung«. »Kein nennenswerter Widerspruch, nichts von Aufruhr – Ruhe. Keine Maßlosigkeiten, keine Übertreibungen, dabei hat jedes Kind schon erfahren, daß nichts das Denken so in Bewegung bringt wie Übertreibung. Die Bücher starren vor Meinungslosigkeit.«[1] Dieser Befund überrascht ein wenig. Nicht, weil er in dieser Verallgemeinerung nicht zutrifft (Becker räumt ja ein, daß er übertreibt), sondern weil der Autor der »Meinung« einen so hohen Rang zuspricht. Einschränkend zitiert er auch gleich den Satz von Proust, »Bücher, in denen die Meinungen der Autoren zu lesen seien, glichen Gegenständen, an denen noch die Preisschilder hingen«. Becker interpretiert diesen Satz so, Proust plädiere wohl dafür, »Meinungen auf andere Weise in die Bücher hineinzuschaffen, als sie dort einfach niederzuschreiben«[2]. Nun kann man sich eine Meinung schlechterdings nicht anders vorstellen als in der Form eines explizit Formulierten. Prononciert hat darüber Martin Walser geurteilt: »Meinungen sind Sätze, bei denen der Geltungsanspruch wichtiger ist als der Inhalt.«[3] Mit anderen Worten: Mit Meinungen behauptet man sich. Muß ein Schriftsteller sich mit Meinungen behaupten? Und: Tut Jurek Becker das in seinen Romanen?

Der Ich-Erzähler in »Jakob der Lügner« teilt über sich selbst wenig mit, vor allem wenig Konkretes. Wie sein Held Jakob Heym hat er die Kriegsjahre im Ghetto verbracht, im Unterschied zu jenem hat er »als einer von wenigen« überlebt.[4] Zu Jakobs Tod bietet der Erzähler – ein ungewöhnlicher Einfall – zwei Versionen an. Jakobs Geschichte, sagt er, »hat zwei Enden, im Grunde natürlich nur eins, das von Jakob und uns allen erlebte, aber für mich hat sie noch ein anderes«[5], »unvergleichlich gelungener als das wirkliche Ende«[6]. Das »wirkliche« Ende ist die Deportation aller Ghettobewohner in ein Konzentrationslager; damit endet der Roman tatsächlich. Das vom Erzähler fingierte, im doppelten Sinn vorgezogene Ende sieht dagegen vor, daß Jakob just in der Nacht, in der die Russen das Ghetto erreichen und befreien, einen Fluchtversuch unternimmt, bei dem er erschossen wird. Der fingierte Schluß enthält also eine utopische Dimension: Für die Gesamtheit der Ghettobewohner – nur nicht für Jakob Heym – nimmt die Geschichte in dieser Version einen glücklicheren Verlauf.

Der Erzähler tritt hier offenbar in die Fußstapfen seines Helden: Er fabuliert; in der Diktion des Romantitels: er »lügt«. Natürlich setzt er seinen Ehrgeiz darein, *gut* zu lügen: das heißt ästhetisch überzeugend *und* moralisch befriedigend. Diese Aufgabe ist alles andere als einfach, und sie wird auch nur halbwegs gelöst. Immerhin: Der Erzähler bietet dem Leser zur authentischen Geschichte eine fiktive Variante an, die sinnstiftend in den Geschichtsverlauf eingreift, indem sie Jakobs Anstrengungen gewissermaßen postum belohnt. Jakob steht nun nicht mehr als ein schlichter Lügner da, der das Prinzip Hoffnung mißbrauchte, indem er ihm falsche Nahrung zuführte, vielmehr erscheint jenes fragile Prinzip im nachhinein glänzend rehabilitiert. Jakobs Phantasie und die des Erzählers sind eine machtvolle Symbiose eingegangen. Auch besitzt der »Erzählerschluß« ästhetische Konsequenz, weil darin Jakobs Handeln und sein Tod negativ kausal miteinander verknüpft sind: Jakob entzieht sich der Aufdeckung seines (in diesem fingierten Fall) vermeintlich verlorenen Spiels durch Flucht und kommt dabei ums Leben, *eben weil er kein Radio besitzt* und also über die unmittelbar bevorstehende Ankunft der Russen nicht informiert ist. Ob allerdings der Leser diesen Schluß auf Kosten Jakobs als ›gelungen‹, als befriedigend empfindet, steht auf einem anderen Blatt – wie gesagt: Die erzählerische Aufgabe ist nicht perfekt lösbar.

Aber der doppelte Schluß erweitert das reale Geschehen nicht nur um eine tragisch-ironische Pointe und um eine utopische Dimension, er hat darüber hinaus einen unauffälligen erzählstrategischen Nebeneffekt, der sich in die Gesamtstrategie des Erzählers geschickt einfügt. Denn mit dem wiederholten Hinweis auf die Fiktionalität des Erzählten *in dem einen oder anderen Fall* wird die Zuverlässigkeit des Erzählers *im allgemeinen* um so nachdrücklicher behauptet. Die traditionelle Erzählergeste ›So war es‹ wird in diesem Roman nicht ersetzt, sondern flankiert durch ein treuherziges ›So könnte es gewesen sein‹ (und am Schluß durch ein ironisch verbrämtes ›So hätte es gewesen sein können‹). Der Erzähler operiert mit einer brillanten Leerstellenstrategie, die es ihm erlaubt, auch noch aus den zahlreichen Lücken im authentischen Ablauf kraft seiner Phantasie ästhetischen Gewinn zu ziehen (und an den Leser zu vermitteln).[7] Sein Kalkül geht gewiß auf: Diese Art des Erzählens weckt unbedingt Vertrauen. Der kritische Leser mag sich allerdings fragen, ob das Interesse an der Geschichte im Sinne einer kompakten Erzähleinheit angesichts des grauenhaften Inhalts nicht von vornherein unangemessen erscheint; ob es nicht gerade die Leerstellen, die Brüche und Risse im Erzählten, kurz: die *Verweigerung einer Geschichte* wären, die einer solchen kruden Realität am ehesten gerecht würden.

In seinem Aufsatz »Standort des Erzählers im zeitgenössischen Roman« hat Adorno festgestellt, die Stellung des Erzählers werde heute durch eine Paradoxie bezeichnet: »es läßt sich nicht mehr erzählen, während die Form des Romans Erzählung verlangt«[8]. Es ist daher kein Zufall, daß Erzähler in der Romanliteratur des 20. Jahrhunderts häufig das Bedürfnis verspüren, ihr Erzählen zu legitimieren. Am Anfang eines der berühmtesten Romane der Nachkriegsliteratur – nicht von Jurek Becker, sondern von Günter Grass – finden sich die folgenden Bemerkungen: »Man kann eine Geschichte in der Mitte beginnen und vorwärts wie rückwärts kühn ausschreitend Verwirrung anstiften. Man kann sich modern geben, alle Zeiten, Entfernungen wegstreichen und hinterher verkünden (...), man habe endlich (...) das Raum-Zeit-Problem gelöst. Man kann auch ganz zu Anfang behaupten, es sei heutzutage unmöglich einen Roman zu schreiben, dann aber, sozusagen hinter dem eigenen Rücken, einen kräftigen Knüller hinlegen, um schließlich als letztmöglicher Romanschreiber dazustehn. Auch habe ich mir sagen lassen, daß es sich gut und bescheiden ausnimmt, wenn man anfangs beteuert: Es gibt keine Romanhelden mehr, weil es keine Individualisten mehr gibt (...), weil der Mensch einsam, jeder Mensch gleich einsam, ohne Recht auf individuelle Einsamkeit ist und eine namen- und heldenlose einsame Masse bildet.«[9]

Ob das bucklige Kerlchen in seiner Heil- und Pflegeanstalt – flüchtig zumindest – Adorno gelesen hat? »Zerfallen ist die Identität der Erfahrung, das in sich kontinuierliche und artikulierte Leben, das die Haltung des Erzählers einzig gestattet. (...) Etwas erzählen heißt ja: etwas *Besonderes* zu sagen haben, und gerade das wird von der verwalteten Welt, von Standardisierung und Immergleichheit verhindert.«[10] Oskar Matzerath reklamiert für sich und seinen Pfleger Bruno (der ihn durchs Guckloch beobachtet), sie beide seien sehr wohl Helden und durchaus keine »einsame Masse«[11]. Die Einleitungssequenz der »Blechtrommel« entfaltet mit besonderem Nachdruck die »Suggestion des Realen«, an der, wie Adorno schreibt, »selbst die dem Stoff nach phantastischen Romane« interessiert seien.[12] Mit Sottisen wie den oben zitierten schreibt sich der Blechtrommler ins Herz des (konservativen) Lesers, dem er beflissen nach dem Mund redet – mit dem intendierten Effekt, daß der Leser dem bettlägerigen Schwadroneur gehörig auf den Leim geht. Denn Oskar denkt gar nicht daran, sich den frommen Erwartungen des so präparierten (fiktiven) Lesers anzubequemen. Im Gegenteil, seine Aufzeichnungen strotzen vor Ungereimtheiten, Widersprüchen, Übertreibungen, Legenden und also: Lügen. Der Leser, der sich allzu buchstäblich an die Suggestion des Realen hielte, wäre angeschmiert. Freilich ist er gewarnt: Oskars Maßstäbe – »mein Bett ist das endlich erreichte Ziel«[13] – sind gerade denen des Durchschnittslesers gänzlich inkommensurabel. An dieser Differenz scheitert jeder Versuch einer Identifikation, um die sich dennoch – es liegt in der Psychologie der Erzähler/Leser-Beziehung – jeder einzelne Leser in rührender Anstrengung immer wieder bemühen wird. Die objektive Ironie der zitierten Passage liegt darin, daß Oskar das, was er mit rhetorischer Ironie bestreitet, durch seinen nachfolgenden Bericht Seite um Seite unabweislicher bekräftigt: die Destruktion des Subjekts. Der formal aufrecht erhaltene Anspruch des Erzählers, »als wäre der Weltlauf wesentlich noch einer der Individuation«[14], erweist sich gerade in Oskars Fall als ideologisch. Da jedoch der Blechtrommler auch noch im Bett der Anstalt die Segel streichen, sprich das Erzählen aufgeben müßte, behauptet er explizit, was er implizit widerruft. Der Pfleger Bruno aber ist, als erster Adressat des Oskarschen Diskurses und als Repräsentant des gesunden Menschenverstandes, zugleich ironisch apostrophiertes Urbild des Lesers im Text. »Der Gute scheint meine Erzählungen zu schätzen«, heißt es über ihn, »denn sobald ich ihm etwas vorgelogen habe, zeigt er mir, um sich erkenntlich zu geben, sein neuestes Knotengebilde.«[15] Wer das liest, sollte ein wenig hellhörig werden.

Zurück zu Jurek Becker. Am Anfang des Romans »Der Boxer« legt der anonyme Ich-Erzähler seinem Helden Aron Blank fünf grüne Hefte vor, die – so behauptet er – Arons Lebensgeschichte enthalten. Aron widerspricht: »Im günstigsten Fall ist es etwas, was du für meine Geschichte hältst.«[16] Konsequent weigert er sich, in die Hefte auch nur hineinzusehen. Der Erzähler referiert Arons Argumentation: »Wir wollten annehmen, ich hätte mich bei meiner Niederschrift genau an seine Worte gehalten, meine Hefte könnten genausogut seine Hefte sein. Wenn das aber so wäre, wenn dort also seine eigene Geschichte stehe, wozu solle er sie lesen?«[17] Das ist gar nicht so sophistisch, wie es im ersten Moment klingt. Im Gegenteil, der scharfsinnige Aron – aufgefordert, »seine« Geschichte quasi zu autorisieren (was der Erzähler allerdings bestreitet) – trifft den Nagel auf den Kopf: Entweder ist es tatsächlich eine authentische Geschichte, dann muß er sie nicht mehr lesen; oder sie ist es nicht, dann erübrigt sich die Prozedur erst recht. Natürlich weiß Aron ebensogut wie der Erzähler, daß es eine lückenlose Identität von Darstellung und Gegenstand nicht geben kann: Sein Einspruch zielt letztlich auf den Sinn und Zweck von Literatur schlechthin. Jedenfalls einer solchen Literatur, die in irgendeiner Weise den Anspruch erhebt, zuverlässig, verbindlich oder authentisch zu sein. Diesen Anspruch aber erhebt nicht nur die dokumentarische oder quasi-dokumentarische, sondern – innerhalb ihres fiktionalen Rahmens – *jede* Literatur. Die Sprache selbst sei es, schreibt Adorno, die den Roman »weithin zur Fiktion des Berichtes nötigt«[18]. »Eben jener immanente Anspruch, den der Autor unabdingbar erhebt: daß er genau wisse, wie es zugegangen sei«[19] – er wird im Prolog des Romans »Der Boxer« expliziert. Der ›schriftliche‹ Erzähler beruft sich auf den ›mündlichen‹. Da Quelle und Gegenstand der Erzählung identisch sind, soll der Glanz des Authentischen ungemindert auf den Text fallen. Daß nun der eigensinnige Held seinen Segen verweigert, tut der Wirkung des Prologs keinen wesentlichen Abbruch. Der Zweck ist bereits erfüllt: Allein die Tatsache, daß der Held außerhalb des eigentlichen erzählerischen Diskurses zu Wort kommt und diesen – wie auch immer – kommentiert, unterstreicht die Suggestion des Realen, an der dem Erzähler gelegen ist.

Der Roman »Irreführung der Behörden« spielt in der DDR. Sein Ich-Erzähler Gregor Bienek – in diesem Fall ist der Erzähler zugleich die Mittelpunktfigur des Romans – ist ein leidenschaftlicher Geschichtenerzähler, der sich später zum professionellen Schriftsteller entwickelt. Eine der vielen kleinen Geschichten, die er sich ausdenkt, hat zwei Varianten: die des Erzählers und die seiner Freundin Lola, der er die Geschichte nachts im Bett vorträgt. Drei Ganoven planen einen Bankraub: um sich einen risikofreien Fluchtweg zu sichern, beschließen sie, zum Straßenbau zu gehen und beim Bau einer Stadtautobahn – »in der von ihnen benötigten Richtung«[20] – mitzuwirken. Der Plan geht auf, die Straße wird fertig, bevor das Haus mit der Bankfiliale abgerissen wird. Soweit das Skelett der Geschichte.

Gregors Variante sieht ein *happy-end* aus der Perspektive der Bankräuber vor: Der Bankraub findet statt und ist von bescheidenem Erfolg gekrönt. Lolas Variante propagiert dagegen ein *happy-end* aus der Perspektive des Staates: Die Ganoven »brechen nicht ein, weil die Arbeit beim Straßenbau sie verändert hat, wenigstens einen oder zwei von ihnen. (...) Statt des Bankraubs ziehen sie weiter, um die nächste Straße zu bauen«[21]. Die Manipulation am Material, am Roh-Stofflichen der Geschichte, die Lola vornimmt, ist relativ geringfügig, aber der Unterschied zwischen beiden Varianten ist einer ums Ganze. Durch einen kleinen ›Dreh‹ wird eine baalische, hedonistisch-anarchische Geschichte in eine fromm-konformistische, also in ihr präzises Gegenteil pervertiert. Die »praktische Nutzanwendung«[22], der intendierte pädagogische Effekt treibt Gregors Fabel radikal ihren Witz aus, stülpt sich krakenhaft über ihren anarchischen Kern. Kritik und Subversion werden durch offiziellen Optimismus sterilisiert.

Der Geschichtenerfinder Gregor Bienek erfährt – konfrontiert mit der parasitären Verfahrensweise der Ideologie –, daß es ein unschuldiges Erzählen nicht gibt. Überall lauern die Verwerter, die Pädagogen (nicht zu vergessen: die Interpreten), die ihm die rohe Geschichte entreißen, um ihr die je opportune Botschaft, ›message‹, Moral zu oktroyieren. Die Phantasie wird absorbiert, in den Dienst der Staatsraison genommen; der Erzähler ist immer in Gefahr, in der Rolle des nützlichen Idioten zu glänzen. Daß in diesem Fall der Part der Staats-Anwältin von der eigenen Freundin ausgefüllt wird, macht die Sache vielleicht schmackhafter, ändert aber nichts.

Geschichten können Geschichte entblößen, sie können sie aber auch verschleiern. Das macht die Geschichtenerzähler begehrt. Es gibt einen Zusammenhang zwischen dem Manipulieren von Geschichten und dem Manipulieren von Geschichte. Am Ende entspricht der Willkür des Geschichtenerzählers – gerade desjenigen, der ›geschickt lügt‹ – die Willkür des Despoten, der nur eine einzige, nämlich die hochoffizielle Version von der Geschichte durchgehen läßt. Die Lust an der Fabel, an der gelungenen Rekonstruktion des Handlungsmoments kann den Erzähler blind machen für die Gefahr der Enteignung, in der er schwebt. Kein Zufall, daß die selbsternannten Vollender der Geschichte in der Regel Freunde der abgeschlossenen, abgerundeten Geschichten sind. Das Mißtrauen des Aron Blank gegen die Tendenz, den natürlichen Fragmentarismus seiner Geschichte zu unterlaufen (ob eine solche nun faktisch gegeben ist oder nicht), ist nur allzu begründet.

Noch einmal: Wodurch zeichnen die Erzählerpositionen in Beckers Romanen sich aus? Etwa durch besonders dezidierte Stellungnahmen, durch überdeutliche Tendenzen, durch eine bemerkenswert intensive Meinungsdichte? Jemand, der nur Beckers Frankfurter Vorlesungen gehört hätte, ohne seine Bücher zu kennen, könnte ja annehmen, in diesen werde er unaufhörlich mit den allerbesten, allerredlichsten Meinungen traktiert. Doch das Gegenteil ist der Fall. Zurückhaltender, um nicht zu sagen keuscher als die Erzähler in den hier bereits erwähnten Romanen kann man – was politische oder moralische Ansichten betrifft – kaum sein. Auch Gregor Bienek macht da keine Ausnahme; er verhält sich so, wie ein DDR-Bürger sich eben verhalten mußte: Er paßt auf, was er sagt. Der Roman »Aller Welt Freund« signalisiert schon im Titel, daß sein Held schwerlich zu denen gehört, die partout anecken wollen. Hans Bronstein, der Ich-Erzähler des Romans »Bronsteins Kinder«, hat kaum eine positive Überzeugung außer der einen: daß er den Selbstjustizakt seines Vaters unterbinden müsse. Und ausgerechnet der Roman, dessen Held die alten Zusammenhänge bewußt opfert, um außerhalb derselben einen neuen Standpunkt zu suchen, der also am ehesten so etwas wie polemische Brisanz erwarten ließe – der Roman »Schlaflose Tage« ist als einziger aus der relativ distanzierten Er-Perspektive erzählt.

Selbstverständlich enthält jedes literarische Werk implizit den Reflex der Weltsicht seines Autors. Und ebenso unbestritten ist, wie Becker formuliert, »daß *Leser* sich beim Lesen Meinungen bilden, *ihre* Meinungen, auf eine Weise, wie es ihnen ohne die Lektüre nicht möglich wäre«[23]. Etwas völlig anderes aber ist es, von einem Werk oder seinem Autor mehr oder weniger verbindlich Meinungen abfragen zu wollen.

Eine Meinung kann keine Lüge sein, sie ist weder verifizierbar noch falsifizierbar, man kann ihr nur zustimmen oder ihr widersprechen. Eine Meinung – das liegt in ihrer Natur – enthält in jedem Fall ein gehöriges Maß an Willkür. Deshalb ist es kein Zufall, daß ein großer Fabulierer wie der Blechtrommler Oskar Matzerath zugleich einer der bekenntnisfreudigsten Erzähler der jüngeren Literatur ist. Wer jedoch »Die Blechtrommel« aufmerksam liest, wird feststellen, daß es beinahe zu jeder Oskarschen Meinung die entsprechende Oskarsche Gegenmeinung gibt. Der immanente Widerspruch ist geradezu das Treibmittel dieser Literatur. Oskars Ansichten sind an den ideologischen Zusammenhang gekoppelt, in dem sie jeweils aufgerufen werden. Das relativiert sie entschieden.

Auch die sensorische Wahrnehmung entbehrt nicht eines Moments der Willkür. Das Gegengift ist die äußerste Anstrengung der Präzision. Wie Becker erinnert Adorno in seinem Standort-Aufsatz an Proust, dem er eine »ins Schimärische getriebene Präzision« attestiert. »(...) die mikrologische Technik, unter der schließlich die Einheit des Lebendigen nach Atomen sich spaltet, ist eine einzige Anstrengung des ästhetischen Sensoriums, diesen Ausweis zu leisten«: nämlich den, daß der Autor (bzw. der Erzähler) genau wisse, wie es zugegangen sei.[24]

Um diesen Ausweis bemühen sich auch Beckers Erzähler, vor allem in den früheren Romanen. Sie versuchen, sich als Erzähler der jeweiligen Geschichte schlüssig zu legitimieren. Zu diesem Zweck wenden sie die hier skizzierten erzählstrategischen Kniffe und Tricks an. Ein Erzähler wie Proust freilich leistet die »Anstrengung des ästhetischen Sensoriums« auf Kosten der Kompaktheit, tendenziell überhaupt der Abschließbarkeit seiner Geschichte, von der er einen gänzlich anderen Begriff hat als die Vertreter des traditionellen Romans einerseits, die verspäteten Hüter dessen Erbes andererseits.

Bei Jurek Becker dagegen setzt sich die Tendenz zur abgeschlossenen Fabel letztlich gegen die durchaus begründeten Skrupel gegenüber der Differenz von Darstellung und Gegenstand durch. Dieser Konflikt ist es, der die Erzählerpositionen in Beckers Romanen kennzeichnet, der aber – betrachtet man die Werkgeschichte – beigelegt scheint: eben zugunsten der Fabel; mag sie der Autor auch – in den witzigen Worten des Blechtrommlers – »sozusagen hinter dem eigenen Rücken« restauriert haben.

Mit seiner in Frankfurt formulierten Ansicht hat Becker einen Beitrag zu jener »Kontroverse zwischen engagierter Kunst und l'art pour l'art«[25] geleistet, die wenig später noch einmal so hohe Wellen geschlagen hat. Adorno, um ihn ein letztes Mal zu bemühen, hat die betreffende Alternative kühl umschrieben als eine »zwischen der Banausie der Tendenzkunst und der Banausie der genießerischen«[26].

1 Jurek Becker: »Warnung vor dem Schriftsteller. Drei Vorlesungen in Frankfurt«, Frankfurt/M. 1990, S. 58. – **2** Ebd. – **3** Martin Walser: »Vormittag eines Schriftstellers«, in: »Die Zeit« 51/1990, S. 54. – **4** Beckers Romane werden nach den Suhrkamp-Taschenbuchausgaben zitiert: »Jakob der Lügner« nach der Ausgabe in der Bibliothek Suhrkamp, Frankfurt/M. 1989. Hier: S. 282. – **5** Ebd., S. 257. – **6** Ebd., S. 258. – **7** Vgl. etwa a.a.O., S. 44: »Ich sage mir, so und so muß es ungefähr gewesen sein, oder ich sage mir, es wäre am besten, wenn es so und so gewesen wäre, und dann erzähle ich und tue so, als ob es dazugehört. Und es gehört auch dazu, es ist nicht meine Schuld, daß die Zeugen, die es bestätigen könnten, nicht mehr aufzutreiben sind.« – **8** Theodor W. Adorno: »Standort des Erzählers im zeitgenössischen Roman«, in: »Noten zur Literatur«, Frankfurt/M. 1981, S. 41. – **9** Günter Grass: »Die Blechtrommel«, Neuwied, Darmstadt 1974, S. 10 f. – **10** Adorno, a.a.O., S. 42. – **11** Grass, a.a.O., S. 11. – **12** Adorno, a.a.O., S. 41. – **13** Grass, a.a.O., S. 9. – **14** Adorno, a.a.O., S. 42. – **15** Grass, a.a.O., S. 9. – **16** »Der Boxer«, Frankfurt/M. 1979, S. 10. – **17** Ebd., S. 12. – **18** Adorno, a.a.O., S. 42. – **19** Ebd., S. 44. – **20** »Irreführung der Behörden«, Frankfurt/M. 1975, S. 146. – **21** Ebd., S. 149 f. – **22** Ebd., S. 149. – **23** »Warnung vor dem Schriftsteller«, a.a.O., S. 58 f. – **24** Adorno, a.a.O., S. 44. – **25** Ebd., S. 47. – **26** Ebd.

Jurek Becker

Brief an Hermann Kant

Am 7. Juni 1979 fand im Roten Rathaus eine Mitgliederversammlung des Berliner Bezirksverbandes des Schriftstellerverbandes der DDR statt, auf der es um den Ausschluß von neun Schriftstellern ging: Kurt Bartsch, Adolf Endler, Stefan Heym, Karl-Heinz Jakobs, Klaus Poche, Klaus Schlesinger, Rolf Schneider, Dieter Schubert und Joachim Seyppel. Diese Sitzung hat Joachim Walther dokumentiert in: »Protokoll eines Tribunals. Die Ausschlüsse aus dem DDR-Schriftstellerverband 1979«, Reinbek 1991 (rororo aktuell 12992). Der Brief, den Jurek Becker einen Tag vor der Versammlung an den damaligen Präsidenten des DDR-Schriftstellerverbands, Hermann Kant, geschrieben hat, gehört in diesen Zusammenhang. Jurek Becker war damals bereits aus dem Schriftstellerverband ausgetreten und lebte, versehen mit einem dreijährigen Visum, in Westberlin.

6. Juni 1979

Lieber Hermann,

ich habe Dein Referat[1] gelesen, das heißt die Ausschnitte daraus, die am 31. Mai veröffentlicht worden sind in der »Berliner Zeitung«, und ich halte es nicht für überflüssig, Dir dazu zu schreiben. Du wirst Dir denken können, daß längst nicht alles in dem Referat so ist, wie ich es gerne hätte, und für wen sollte es wohl ein Nachteil sein, wenn Du den Widerspruch hörst, den manche Deiner Ansichten bei mir herausfordern? Zuerst aber will ich Dir sagen (leider sind das Umstände rings um uns, daß man sich so etwas besser sagt), daß dieser Brief nur für Dich bestimmt ist, daß er nicht einer dieser »offenen Briefe« ist, die mir irgendwie alle unangenehm sind, daher habe ich auch noch nie einen davon geschrieben; daß er also ausschließlich an Hermann Kant geschickt wird. Was der damit macht, ist seine Sache, das ist schon viel zu viel an Vorrede.

Fast am Anfang der Rede steht: »Wenn sein (des Verbandes) Hauptzweck darin besteht, Interessenvermittlung zwischen Schriftstellern und Gesellschaft zu sein, dem gesellschaftlichen Verlangen nach Literatur zu antworten, indem er den Schriftstellern bestmögliche Arbeitsbedingungen sichert, dann ist er diesem Zweck gerecht geworden.«

Schon dieser Satz enthält seltsame Behauptungen im Bündel. Natürlich wirst Du nachher einwenden, ihn zu akzeptieren oder nicht sei eine Frage des Standpunkts, des Klassenstandpunkts, wirst Du sagen. Nur: von offenkundig absurden Prämissen auszugehen, weil anders sich ein Beweis nicht führen läßt, das ist eine traurige Zauberformel, mit deren Hilfe in einem Referat alles stimmt, aber nichts in der Wirklichkeit.

Zuerst einmal: Alles mögliche tut der Verband, nur Interessenvermittler zwischen Schriftstellern und Gesellschaft ist er nicht. Er will es auch nicht sein, er will Interessenvermittler nur zwischen Partei und Schriftstellern sein, und das in einer Einbahnstraße. Er ist mittlerweile zu einer Art Parteiauftrag für die in ihm assoziierten Autoren mißraten, er spricht es jedoch nicht offen aus, als schleppe er sich mit einem Schamgefühl aus alten Zeiten herum. Nur insofern Partei und Gesellschaft eins sind, ist Deine Behauptung wahr; von solcher Identität zu sprechen ist aber nur ein Zeichen dafür, daß jenes eben erwähnte Schamgefühl deutlich abnimmt.

Damit zusammen hängt: Der Verband antwortet auf das gesellschaftliche Verlangen nach Literatur etwa so, wie die Lotterie auf das gesellschaftliche Verlangen nach Wohlstand antwortet. Er kümmert sich einen Dreck darum. Wichtig ist ihm nur, diejenige Art von Literatur zu protegieren, die die Partei sich wünscht. Damit Du mich nicht falsch verstehst: Ich finde schon, daß die Partei ein Recht hat, das und jenes zu wollen und es auch durchzusetzen mit Mitteln, die einer kommunistischen Partei in unserer Zeit gemäß sind (das sind längst nicht alle). Nur streite ich mich, ob es ihr Recht ist, ihr gutes, einen Berufsverband kurzerhand zu okkupieren, ihm wie selbstverständlich ihre Arbeit aufzuhalsen, dies laut zu bestreiten und in Referaten wie dem Deinen auch noch verkünden zu lassen, es ginge dabei blitzdemokratisch zu.

Du sagst: ... den Schriftstellern beste Arbeitsmöglichkeiten sichert. Ein solcher Satz kann verschiedene Gründe haben. Entweder hat ihn Dir einer in die Rede reingeschrieben, und es schüttelt Dich selbst ein bißchen, wenn du ihn sagst; oder die Ereignisse sind allzu verwirrend; oder aber Du hältst für eine angemessene Taktik, was in meinen Ohren nur beschämend klingt.

Es wäre kindisch, Dir jetzt aufzuzählen, was gute Arbeitsbedingungen sind und wie sie sich so deutlich von den realen unterscheiden. Wenn Du anerkennst, daß ich ein Schriftsteller bin, und daß die von Dir namentlich Kritisierten ja immerhin Schriftsteller sind, daß manche noch, die ich weiß und die Du weißt, Schriftsteller sind – deren Arbeitsbedingungen sind so miserabel, wie sie es in meiner Erinnerung noch nie gewesen sind in der DDR. Das Einzige, was an guten Arbeitsbedingungen mir gegeben wurde, war ein Visum, daß ich zur Zeit außerhalb der DDR leidlich arbeiten kann, meinst Du das? Was aber das Erschreckendste an solchen Reden für mich ist, Hermann: Sie machen mir deutlich, daß demjenigen, der sie hält, die Ansicht seiner Adressaten gleichgültig ist; weil er ja weiß, was alle anderen wissen, daß nämlich die Wahrheit anders ist, daß er so offen zeigt, wie unwichtig sie da vor ihm sitzen. Ein Moment kommt immer näher, den eine hinten und vorn verfehlte Kulturpolitik seit Jahren geradezu herbeizwingt. Da die Partei aber immer recht hat, müssen Lügen in die Reden, muß der Situation dieser Name verschärfte Klassenauseinandersetzung gegeben werden, dieser inflationierte Notgroschen, müssen mit hartem Durchgreifen die Spielregeln wieder mal noch besser gemacht werden, als sie es ohnehin nicht sind. Diese schlimme Unfähigkeit, Kritik hinzunehmen, ja, auch nur Nuancen in der Zustimmung zuzulassen, macht den Kommunisten das Leben sauer in aller Welt, die nicht nur aus der DDR besteht. Und komme mir nicht und sage nicht, daß ich mich dumm stelle, daß ich naiver tue, als ich bin: ich will nur nicht diese neunmalklugen Gründe gelten lassen, die alle so verständig klingen und doch nichts anderes sind als eine Kapitulation vor etwas, was ein Marxist nicht akzeptieren darf.

Dann schreibst Du: ... dann ist er diesem Zweck gerecht geworden. Auch das ist falsch, der Verband konnte nicht einmal die Produktion derjenigen Literatur fördern, die die Partei sich wünscht, er hat nicht einmal das geschafft. Und das ist wie ein Trost. Oder aber die Literaturbeförderer sind von allen guten Geistern verlassen, was immerhin nicht auszuschließen ist. Unter vier Augen kann ich es Dir sagen: wie mich diese stammelnde und klebrige Schreiberei anwidert, die nichts will als ein braves Kind zu sein, die den Leser nur belästigt und ihn auf Dauer ganz dumm macht (mit beachtlichem Erfolg inzwischen), die von solchen geschrieben wird, die spitze Ohren zum Schreiben brauchen und keine Ansichten haben und keine Absichten außer der einen, keinen Widerstand herauszufordern; das Einzige also zu unterlassen, was der Literatur einen Sinn gibt. Schön, das gibt es in jedem Land der Welt, nur wird es anderswo nicht gefeiert als das, was der jeweilige Staat sich von seiner Literatur innigst wünscht. Sag doch in Deiner nächsten Rede, Hermann, was genau Du meinst, bleib nicht so allgemein, nenne die angeblichen Erfolge ohne falsche Scham beim Namen. Lobe laut den Thürk, freue dich offen über Frau Werners Bücher, dann weiß man besser, was Dir am Herzen liegt.

Du nennst das Buch »Collin«[2] ein peinliches Unglück, das steht Dir zu; vielleicht kannst Du Dir denken, daß auch ich es nicht für die Hervorbringung eines Meisters halte. Was Dich aber verdächtig macht bei solchem Urteil, ist: In Deiner Umgebung wimmelt es von peinlichen Unglücken solcher Art, Du bist geradezu umzingelt von ihnen, ohne daß man dazu je ein öffentliches Wort von Dir vernommen hätte. So aber, da Dich nur die einen Unglücke empören, die anderen aber kalt lassen seit Jahrzehnten, muß man Dich nicht unbedingt für den kompetentesten Anzeiger von literarischen Entgleisungen halten, und auch nicht für den lautersten.

Du machst Dir den kleinen Spaß mit Loest und Poche, Du nennst sie unsere neuen Ibsens und Flauberts. Ich habe Schwierigkeiten, dabei zu lächeln. Mit zwanzigjähriger Verspätung entdecke man sie, schreibst Du fein ironisch, vorher habe man im Westen nicht gewußt, wie ihre Namen geschrieben werden. Übersieh nicht, Hermann, daß einem von den beiden nicht ganz die zwanzig Jahre zur Verfügung standen, um entdeckt zu werden; daß er fast sieben davon versehentlich im Gefängnis war.[3] Nie habe ich Dich dazu etwas sagen hören, und auch jetzt hast Du eine glänzende Gelegenheit vorüberstreichen lassen.

Du karikierst zwei Autoren als Ibsen und Flaubert, zu denen die westliche Presse sie mache. Ich lese diese Presse zwar nicht so furchtbar gründlich, doch derartiges habe ich nirgendwo gefunden. Ich bin sogar der Ansicht, Poches Buch »Atemnot« sei in den westdeutschen Rezensionen viel zu schlecht weggekommen. Aber darum geht es hier nicht, viel wichtiger ist die Frage: Was haben die zwei eigentlich getan? Sie haben, so sehe ich es, jeder ein Buch geschrieben, so gut oder so schlecht sie konnten, und haben es keinem nach dem Mund geschrieben, keinem einzigen, und haben das geschrieben, was sie für Wahrheit halten. Sie haben sich also einer Methode bedient, nach der viel mehr Autoren in der DDR arbeiten müßten. Sodann hat eine Kulturpolitik, die Du für wünschenswert hältst, zum Verbot der beiden Bücher geführt, zum sofortigen in dem einen Fall und zum verzögerten in dem anderen. Beide haben die Anmaßung nicht einfach hingenommen, sie haben sich nach besten Kräften gewehrt; am Ende sind beide Bücher in westlichen Verlagen erschienen, mit sehr bescheidenem Erfolg übrigens. Worüber bist Du da so verwundert? Daß die westdeutsche Presse nicht unerwähnt läßt, wie übel beiden in der DDR mitgespielt wurde und wie arrogant da bestimmt wird, was ein Buch sein darf und was nicht? Millionen Sünden sind dieser Presse vorzuwerfen, doch daß sie über solche Vorfälle schreibt, ist bestimmt keiner ihrer Fehler. Im Gegenteil, Hermann, es ist ein Glück noch.

Wie würdest Du reagieren, wenn einer Dir sagte, er sei der Meinung, Dieben solle nicht die Hand abgehackt werden? Du würdest ihn für einen halten, der zweihundert Jahre zu spät seine Forderung stellt, also Plattheiten von sich gibt; oder aber dieser Jemand kommt aus einer Umgebung, in der sehr wohl noch Dieben Hände abgehackt werden, oder in der solche Strafe zumindest in der Diskussion ist. Dann hätte die Meinungsäußerung dieses Jemand sehr wohl einen Sinn. Du bist der Ansicht, lese ich, daß ein Gerichtssaal nicht der geeignete Ort ist, literarische Meinungsverschiedenheiten auszutragen.

Es kommt ein Abschnitt in Deinem Referat, den schrieb ein Lügner. Von Briefen ist darin die Rede, die eher zum Westen kommen als zu ihrem Adressaten, die via ausländische Satelliten angemeldet werden, Du weißt. Die Wahrheit ist: Der Brief[4] wurde per Eilboten und per Einschreiben an den Staatsratsvorsitzenden abgeschickt, und zwar mit der DDR-Post. Sechs oder sieben Tage später wurde von der Agentur Reuter gemeldet, daß es diesen Brief gibt und wer ihn unterschrieben hat. Der Brief selbst ist nie in andere Hände gekommen als in die des Adressaten, außer hinter meinem Rücken, das weiß ich genau. Oder genauer gesagt: Er ist nie in jene falsche Richtung gegangen, die Du behauptest, in andere falsche Hände ist er aber doch gelangt. Denn Du zitierst ja in Deinem Referat aus diesem Brief, und es verwirrt mich nicht wenig, daß ein an den Vorsitzenden des Staatsrats abgeschickter Brief beim Vorsitzenden des Schriftstellerverbandes landet.

Was aber die wesentlichere Lüge dabei ist: »Es liegt im Wesen unserer Gesellschaft, daß einem vernünftig vorgebrachten Verlangen vernünftige

Antwort wird«, schreibst Du. Von diesem lächerlichen Wort »vernünftig« einmal abgesehen – der Satz ist falsch und hinterhältig in einem. Er akzeptiert als unabänderlich, daß in einem sozialistischen Staat über die nicht so angenehmen Dinge (das sind meistens die eigentlich wichtigen) nur unter vier Augen gesprochen werden darf, das stellt er als vernünftig hin. Er geht davon aus, die Öffentlichkeit sei gefälligst rauszuhalten aus den Auseinandersetzungen unserer Zeit. Er geht davon aus, daß den 99.89 % Wählern der Kandidaten der Nationalen Front mehr als die tägliche Zeitungszumutung nicht zugemutet werden kann. Du weiß ja gut, daß das, was Du ein »vernünftig vorgebrachtes Anliegen« nennst, in Wirklichkeit einer gewaltigen Unter-den-Teppich-Kehrmaschine die Arbeit erleichtern soll. Vernünftig ist ein Verlangen doch nicht vorgetragen, wenn es vor einer Versammlung von Schriftstellern alle Jubeljahre einmal geduldet wird, und nicht irgendwo zwischen Berlin und Oberlin, sondern in DDR-Zeitungen und in den Büchern von DDR-Autoren, die in der DDR gedruckt werden. Du weißt ja gut, daß außer dem Staatsratsvorsitzenden und diesen acht Autoren und Dir vielleicht und dem Staatssicherheitsdienst niemand von dem Brief je erfahren hätte, wenn Deine Vernunft gewaltet hätte. Obendrein gibst Du für diese Domestikenvernunft noch ein Beispiel, das wieder eine glatte Lüge ist. (Das Wort Lüge paßt mir selbst nicht so oft, weil es grob ist. Aber ich muß das ja irgendwie bezeichnen, und Unwahrheit oder Schwindelei haben einen Stich ins Verständnisvolle, das wäre doch hier nicht angebracht.) Du berichtest von Bemühungen des Verbandes um das Buch von Loest, die mit der Neuauflage dieses Buches geendet haben sollen. Die Bemühungen endeten wohl, aber das Buch ist nicht erschienen, wie Du wohl weißt, bis heute nicht. Und es wird auch nicht erscheinen. Und wenn es doch erscheint, dann unter so skandalösen Bedingungen, wie noch nie ein Buch erschienen ist, von dem ich je gehört hätte. Und das ist Dein einziges Beispiel, und eigentlich steht es gut an der von Dir gewählten Stelle, es paßt zu der Vernunft, die Du empfiehlst.

Aus dem Brief, der dummerweise an Dich geriet, zitierst Du: »Immer häufiger wird versucht, engagierte, kritische Schriftsteller zu diffamieren, mundtot zu machen, oder, wie unseren Kollegen Stefan Heym, strafrechtlich zu verfolgen.« Ich will Dir das gern erläutern, zuerst die Diffamierung, die Du in dem Referat zwar zurückgibst, zu der Du Dich aber nicht weiter äußerst – Du wärst ja auch schön dumm, für uns noch die Beispiele zu geben: Wenn es keine weiteren Belege gäbe, wäre allein schon Dein Referat solch Exempel. Doch leider gibt es Beispiele für Diffamierung die Fülle. Was Herr Höpcke auf Pressekonferenzen tut, was Noll sich untersteht, was Leute wie Dr. Neubert anrichten dürfen, das sind Beispiele.[5] Was auf den Versammlungen, Parteiversammlungen, Gewerkschaftsversammlungen, Verbandsversammlungen an Lügen herumbehauptet wird, und zwar nicht nur damals, Ende 76 in der ersten Aufregung[6], sondern bis heute, das sind viele Beispiele. Und wenn Du schreibst in Deinem Referat, es gehe mir mit dem Brief an Honecker nicht um das Gespräch, sondern eher darum, mich wieder einmal ins Gespräch zu bringen, ist das keine Diffamierung? Ich hätte so viele Gelegenheiten, Hermann, mich wieder einmal ins Gespräch zu bringen, das glaubst Du gar nicht. Ich nehme sie nicht wahr aus Gründen, die Du vielleicht ahnst. Und dann kommst Du und bringst mich auf solche Weise ins Gespräch.

Mundtot: Du kannst Dir wirklich nicht vorstellen, was gemeint sein könnte, wenn manche Schriftsteller in der DDR sich beklagen, man mache sie mundtot? Dann will ich es Dir erklären: Sie meinen, daß ihre Bücher verboten werden, das ist doch nicht so weit an den Haaren herbeigezogen. Und daß sie keine Lesungen und Diskussionen mehr haben dürfen, und daß auch ihre alten Bücher nach und nach aus den Buchläden verschwinden. Rede Dich bloß nicht auf irgendeinen lächerlichen Fall heraus, wo das noch nicht zu hundert Prozent gelungen ist. Und sie meinen, daß ihre Namen öffentlich in unserem Land nicht mehr genannt werden, außer in Deinen Reden. Warum Du Dich nicht beklagst, mundtot gemacht zu werden, verstehe ich, geholfen ist mir damit aber nicht.

Lies Dir diesen kleinen Brief der acht Autoren nocheinmal durch und sage dann, wo behauptet wird, es hätten, außer gegen Stefan Heym, strafrechtliche Verfolgungen von Autoren schon stattgefunden (obwohl ich Dir zwei sagen kann: Fuchs und Bahro[7]). Das hast Du in Deiner Beweisnot Dir ausgedacht und schnell mal hingeschrieben, Du kannst das, denn wenn eine entgegengesetzte Meinung zu der Zeitung kommt, deren Autor Du bist, wird sie ja eh nicht gedruckt. Wahr ist aber etwas anderes: Viele Autoren haben schon Drohungen von ihren Verlagen oder vom Büro für Urheberrecht erhalten, weil sie ein Manuskript im Westen veröffentlichen ließen, oder weil sie es vorhatten, oder weil sie im Westen deshalb etwas sagten, weil sie es im Osten nicht durften. Ich glaube, jeder dieser acht Autoren, zum Beispiel, ist Objekt solcher Repressalien gewesen (Drohung mit einem Verfahren, keine Nachauflagen anderer Bücher, Verweigerung von Reisen), jeder dieser acht Autoren außer mir. Bei mir kann es aber auch nur eine Frage der Zeit sein, denn ich werde wie bisher nicht zögern, draußen zu publizieren, was mir drin verboten wird. Und dies werde ich tun, ohne das Büro für Urheberrecht zu fragen, das in meinen Augen eine Wegelagererorganisation ist. Mein Urheberrecht ist durch niemanden so gefährdet wie durch dieses Büro. Dieses Büro maßt sich an, sich bezahlen zu lassen von Autoren, um einen Schaden von ihnen abzuwenden, den andernfalls dieses Büro ihnen zufügt. Genau das ist die Methode der Mafia, wie ich aus vielen Filmen weiß.

Dein Ausgangspunkt für die Bewertung dessen, was mit Heym geschehen ist, ist: Er hat sich lauthals mit dem Gesetz angelegt, mit dem geltenden Recht also, die Folgen muß er sich eben selbst zuschreiben. Mein Ausgangspunkt ist, daß Heym, wie laut auch immer, mit dem geltenden Unrecht in Konflikt geraten ist. Der Devisenaspekt der Sache ist ein völlig nebensächlicher, das brauche ich Dir nicht zu sagen, und kein Mensch – oder nur ein Verrückter – würde auf die Idee kommen, allein deswegen sich eine so peinliche und lästige Angelegenheit an den Hals zu holen. Allein um

Ansichten geht es, die in einer Art Entscheidungsschlacht in den Büchern von DDR-Autoren ausgemerzt werden sollen, um nichts anderes. Hätte Heym sich denn seinen »Collin« vom Urheberrechtsbüro genehmigen lassen sollen? Hätte es das getan? Denke den Gedanken doch weiter, ob die DDR sich einen neuen devisenbringenden Erwerbszweig zulegen will, den Export von Ansichten, die in der DDR verboten sind. Natürlich geht das nicht, wie häßlich steht man da sonst, und natürlich muß die Genehmigung dann verweigert werden, und natürlich ist das dann Zensur.

So zwei Sätze von Dir: »Der Ausdruck ›Zensur‹, Herrschaften, ist besetzt; belesenen Leuten muß das nicht erläutert werden. Wer die staatliche Lenkung und Planung auch des Verlagswesens Zensur nennt, macht sich nicht Sorgen um unsere Kulturpolitik – er will sie nicht.« Das hätte jeder gute Lektor Dir gestrichen, denn es ist der Versuch, eine Lücke, in der die Gedanken fehlen, mit Worten aufzufüllen. Was bedeutet denn dieser Unfug, der Ausdruck »Zensur« sei besetzt. Ich bin fast genau so belesen wie Du, zumindest nicht unbelesen, sehe aber doch nichts anderes als Nebel dort, der eine klare Sache unklar machen soll. Was bedeutet um Himmels willen, daß der, von dem Du redest, sich nicht etwa Sorgen um unsere Kulturpolitik macht, sondern daß er sie nicht will? Wenn ich von mir alleine mal sprechen darf: Natürlich will ich diese Kulturpolitik nicht, darum geht es doch gerade, das mußt Du doch nicht erst so scharfsinnig herausfinden. Wenn einer etwas nicht so will, wie dieses etwas ist, dann kann man sagen: er will es nicht. Wer diese Kulturpolitik der DDR kritisiert – und das tue ich heftig, denn ich halte sie für immer verhängnisvoller und immer unverantwortlicher – der wünscht sich eine bessere. Und was Du so freundlich die staatliche Lenkung und Planung des Verlagswesens nennst, ist Drangsalierung, ist Zensur in einem solchen Ausmaß, wie Du es in Europa nicht so leicht nocheinmal findest. Und dieses öde Gerede, die verschärfte Klassenauseinandersetzung mache gewisse Maßnahmen nun einmal unumgänglich, soll nur immer neue Repressalien rechtfertigen; es stellt einen Argumentering dar, in den kein Eindringen ist, und es herrscht eine Logik darin, die nie und nimmer die einzige des Kommunismus ist.

Du schreibst einiges über Seyppel, Poche, Heym, über deren foul play. Deinen Standort bedenkend, verstehe ich, wieviel Dir daran liegt, die unliebsamen Leute herabzumindern. Deine Methode dabei ist: Du guckst in allen Ecken nach Argumenten herum, findest kein Brauchbares, da nimmst Du den kleinen Handfeger und fegst zusammen, was sich fegen läßt. Am Ende liegt ein kleines Häufchen Kehricht da, das nimmst Du rein in Dein Rede. Daß Poche schwindelt und niederbrüllt, daß Seyppel behauptet, Görlich habe ihm Prügel angedroht, daß Jakobs bei den Landsmannschaften ist, daß Heym Fragebögen frisiert. Das ist eine Schande in der Rede eines Präsidenten, Hermann, sogar wenn alles stimmt, es ist eine Schmalspurschande.

Zu der Sache mit Heyms Fragebogen will ich aber noch etwas sagen. Vielleicht war er von 36 bis 39 in der KP der USA; vielleicht nicht, ich weiß es nicht. Wovon ich aber überzeugt bin, ist, daß nicht wenige Mitglieder des Verbandes in jener Zeit in einer anderen Organisation Mitglieder gewesen sind, in einer deutschen, und daß der und jener vergessen haben wird, in seinem Fragebogen das zu erwähnen. Und meine Pointe, Hermann: ich finde das o. k. so, ich finde das nicht schlimm nach vierzig Jahren. Und daß Du Dich damit nicht beschäftigst, finde ich auch in Ordnung. Du sollst nur wissen, daß einem Leser Deines Referats böse Gedanken kommen, wenn er sieht, wie aufmerksam Du in der Vergangenheit dieses alten und, das wirst selbst Du nicht leugnen, in Kriegs- und Vorkriegszeit äußerst ehrenwerten Mannes herumstocherst, die vielen anderen Vergangenheiten aber links liegenläßt. Und noch eins lese ich an jener Stelle mit: Ich unterstelle ja keine Sekunde, Du, der Präsident des Schriftstellerverbandes der DDR, habest Dich in einem Aktenkeller vergraben und Fragebögen studiert in der verbissenen Absicht, Nachteiliges über Stefan Heym zu entdecken. Da hättest Du wirklich viel zu tun. Aber jemand muß diese Sache in dem Fragebogen Heyms ja gefunden haben, das sagt die Logik, wer? Ich denke mir, es wird ein Mitarbeiter in irgendeinem Ministerium gewesen sein, oder in irgendeiner Bezirksleitung, oder in irgendeiner Staatssicherheit. Und von dorther hast Du das Gefundene, wenig genug, dann bekommen, als Information oder als Auftrag, das ungefähr sieht man Deiner Rede wohl an.

Du hältst ein Referat, in dem Du abschließend Gewalttätigkeiten ankündigst. Das ist schon eine traurige Funktion dieses Verbandes, daß er nur zu den einen Schriftstellern freundlich ist, die anderen aber zu drangsalieren hilft. Genau darum habe ich ihn auch verlassen, nicht nur weil ich zu den anderen gehöre, und genau darum sollten die, die wohl entfernt werden in Kürze, nicht traurig sein, sie verlieren nicht viel. Aber doch geht viel verloren dabei, es ist ein gutes Jahr zum Resignieren. Natürlich wünsche ich mir eine Zeit, in der Du wieder bessere Reden halten kannst, doch nahen sehe ich sie nicht. Natürlich bin ich auch nicht so vermessen zu glauben, ich hätte Überzeugungskraft genug, Deine Ansichten zu verändern mit diesem Brief, wo mit Überzeugungskraft sowieso nichts auszurichten ist. Wenn er am Ende vielleicht doch einen Sinn hat, dann den: Dich ein wenig genauer wissen zu lassen, woran Du bei mir bist, nachdem ich es umgekehrt ja auch von Dir mitgeteilt bekam, das ist mir nicht unwichtig.

1 Auch veröffentlicht in: »Neues Deutschland« vom 31.5.1979, jetzt in: Joachim Walther u.a.: »Protokoll eines Tribunals«, Reinbek 1991 (künftig zitiert als: Tribunal), S. 101–110. – 2 Stefan Heym: »Collin«, München 1979. – 3 Erich Loest wurde 1957 zu siebeneinhalb Jahren Zuchthaus verurteilt: wegen »konterrevolutionärer Gruppenbildung«. – 4 »Sehr geehrter Herr Staatsratsvorsitzender, mit wachsender Sorge verfolgen wir die Entwicklung unserer Kulturpolitik. Immer häufiger wird versucht, engagierte, kritische Schriftsteller zu diffamieren, mundtot zu machen oder, wie unseren Kollegen Stefan Heym, strafrechtlich zu verfolgen. Der öffentliche Meinungsstreit findet nicht statt. – Durch die Koppelung von Zensur und Strafgesetzen soll das Erscheinen kritischer Werke verhindert werden. Wir sind der Auffassung, daß der Sozialismus sich vor aller Öffentlichkeit vollzieht: er ist keine geheime Verschlußsache. Über seine Erfolge und Niederlagen, das heißt über unsere Erfahrungen, zu schreiben, halten wir für unsere Pflicht und unser Recht. – Wir sind gegen die willkürliche Anwendung von Gesetzen; Probleme unserer Kulturpolitik sind mit Strafverfahren nicht zu lösen. Und wenn ein Schriftsteller sich öffentlich die Frage gefallen lassen muß (siehe »SONNTAG« 19/79), warum er eigentlich noch in der DDR bleiben wolle, halten wir das für einen unerträglichen Zustand. Wir bitten Sie, sich unserer Sorgen anzunehmen.« Unterzeichnet war der Brief von Kurt Bartsch, Jurek Becker, Adolf Endler, Erich Loest, Klaus Poche, Klaus Schlesinger, Dieter Schubert, Martin Stade. – 5 *Klaus Höpcke*, geb. 1933, 1964 bis 1973 Kulturredakteur des »Neuen Deutschland«, 1973 bis 1990 stellvertretender Kulturminister und Leiter der Hauptverwaltung Verlage und Buchhandel, der Chef-Zensor der DDR. – *Dieter Noll*, geb. 1927, Schriftsteller (»Die Abenteuer des Werner Holt«, 1960/1963). Noll hatte am 22.5.1979 im »Neuen Deutschland« einen Offenen Brief an Honecker geschrieben, in dem es u.a. heißt: »Einige wenige kaputte Typen wie die Heym, Seyppel oder Schneider, die da so emsig mit dem Klassenfeind kooperieren, um sich eine billige Geltung zu verschaffen, weil sie offenbar unfähig sind, auf konstruktive Weise Resonanz und Echo bei unseren arbeitenden Menschen zu finden, repräsentieren gewiß nicht die Schriftsteller unserer Republik.« Der ganze Brief steht in »Tribunal«, S. 97–98. – *Werner Neubert*, geb. 1929, 1966 bis 1974 Chefredakteur der offiziellen Zeitschrift des DDR-Schriftstellerverbandes »Neue deutsche Literatur«. – 6 Nach der Ausbürgerung Wolf Biermanns. – 7 *Jürgen Fuchs*, geb. 1950, und *Rudolf Bahro*, geb. 1935, waren verurteilt worden und saßen im Gefängnis, bevor sie in die Bundesrepublik entlassen wurden.

Peter Hanenberg

»Und sich mühen, aufrichtig zu sein«

DDR-Geschichten

Jurek Becker lebte seit 1977 mit einem Visum der DDR im Westen Deutschlands, das just in jenem Jahr seine Gültigkeit verlor, als zusammenwuchs, was zusammenzugehören nicht aufhören wollte.[1] Ist Jurek Becker damit – nach Umzug und Vereinigung – auch kein DDR-Autor mehr? Und was bedeutet es eigentlich für die Einordnung eines Schriftstellers und das Verständnis seiner Werke, ob man ihn der DDR-Literatur zuordnen kann oder nicht? Was von DDR-Geschichten bleibt, soll im folgenden ermittelt werden. Dabei geht es nicht darum, den Schriftsteller und sein Engagement, seinen Widerstand und seine Aufrichtigkeit gegenüber den Instanzen der DDR ein weiteres Mal herauszuheben. In dieser zweiten und wohl letzten »Abschiedsphase«, die die DDR-Literatur durchmacht, sei auch gleich die westdeutsche Gepflogenheit preisgegeben, daß im Umgang mit ihr »der Autor die Botschaft« ist.[2] Im folgenden soll gezeigt werden, wie sehr die Werke Jurek Beckers der Realität in der Deutschen Demokratischen Republik verpflichtet sind, ohne deshalb für Leser aus ›aller Welt‹ an Interesse zu verlieren. Der Literatur der DDR sei gewährt, was dem Staat verweigert werden mußte: die Anerkennung einer historisch geschuldeten Souveränität, die allerdings weder mit Hermetik noch mit Über- oder Unterlegenheit zu verwechseln ist. Nicht also, um sie damit für die alte Bundesrepublik in die Bedeutungslosigkeit zu entlassen, sondern um sie als Teil unserer Geschichte und unserer Gegenwart in ihrer Besonderheit aufzuheben. Weil es uns angeht.

I

Zu den großen Themen und Verdiensten der DDR-Literatur gehört die Auseinandersetzung mit dem Nationalsozialismus. Beckers erster Beitrag zu diesem Thema zählt zu Recht zu den herausragenden. Eigentlich ›spielt‹ »Jakob der Lügner« (1969) aber nicht nur im Ghetto von Lodz, sondern zu guten Teilen auch in der DDR.[3] Dies wird gleich am Anfang des Buches deutlich, wenn es heißt: »Ich höre schon alle sagen, ein Baum, was ist das schon (...)?« Das »Gespräch über Bäume«, mit dem Beckers Roman beginnt, verabschiedet Brechts Verdikt, wonach eine solche Unterhaltung »fast ein Verbrechen ist / Weil es ein Schweigen über so viele Untaten einschließt!«[4] Die Einwände gegen die Wahrhaftigkeit und Angemessenheit seiner Geschichte hört der Erzähler, noch ehe er zu erzählen beginnt. Er hat sie schon oft gehört: »Ich habe schon tausendmal versucht, diese verfluchte Geschichte loszuwerden, immer vergebens. Entweder es waren nicht die richtigen Leute, denen ich sie erzählen wollte, oder ich habe irgendwelche Fehler gemacht.«[5] Für die antifaschistische Tradition, in der sich die Schriftsteller der DDR einzuordnen hatten, mußte es als ein Makel erscheinen, daß in Beckers Roman Widerstand gegen die Nazi-Herrschaft nicht vorkommen sollte. Darauf reflektiert schon der Erzähler, der »mit Ehrfurcht« von Warschau und Buchenwald las, doch mit der Tatsache leben muß, daß es dort, wo er war, keinen Widerstand gegeben hat. Der wohl traurigste Satz des Romans handelt von den widerstandslosen, willigen Händen der Opfer: »Verurteilt sie, immer verurteilt uns, es hat nur solche Hände gegeben.«[6] Dieser Satz ist auch deswegen so traurig, weil in der Tat die Kritiker des Textes in der DDR anklagend die vermeintlich defaitistische Tendenz des Buches hervorgehoben haben.[7]

Wie mit der Vergangenheit zu leben sei in einem Staat, der deren Überwindung zur Doktrin gemacht hat, ist auch das Thema zweier weiterer Romane, nämlich »Der Boxer« (1976) und »Bronsteins Kinder« (1986). »Du hast einen Ausweis, in dem wird dir bescheinigt, daß du Opfer des Faschismus bist und Anspruch auf eine Reihe von Vergünstigungen hast. Dagegen ist nichts einzuwenden, aber genügt dir das? Versteh mich bitte nicht falsch: Ist es auf die Dauer ein erträglicher Zustand, Opfer des Faschismus und nichts anderes zu sein?«[8] Die Frage, die der Erzähler dem angeblichen Boxer Aron Blank stellt, ist die Frage nach der Vermittlung von privater Erfahrung mit der Geschichte und den öffentlichen Anforderungen in einer veränderten Gesellschaft, die »einen radikaleren Schlußstrich unter das Vergangene«[9] gezogen hat als andere Staaten. Aron Blank glaubt sich ganz ins Private zurückziehen zu können, um so mehr wird sein Leben aber von der Politik überholt und überrollt. Der Aufstand am 17. Juni 1953 versetzt ihn in Schrecken, die sowjetischen Panzer erscheinen ihm als willkommene Rettung: »*Willst du beschwören, daß nicht so ein Pogrom anfängt?*«[10] fragt Aron, und auf die verwunderte Reaktion angesichts seiner Haltung antwortet er: »Ich bin gegen solche Situationen«[11]. Was für Aron an der DDR lobenswert ist, ist die unangreifbare Ordnung und Sicherheit, mit der jede Art von Exaltation verhindert wird. Allerdings wird auch jede »Lust auf eine bestimmte Art von Leben«[12] unterbunden. Arons Sohn ist vor dieser Erfahrung in den Westen geflohen – und ins Israel des Sechstagekriegs; »wahrscheinlich hat Mark den Krieg nicht überlebt«[13].

Daß die offizielle »Bewältigung« der Vergangenheit durch den Staat den Opfern nicht genügt, ist Thema des Romans »Bronsteins Kinder«[14]. Dabei geht es nicht um eine angemessene Bestrafung der Täter, sondern um eine entsprechende Befriedigung oder anders: Befriedung der Opfer. Sowohl der Vater des Erzählers als auch seine Schwester[15] und schließlich er selbst erleben den Wunsch, die Täter und die, die man dafür halten muß, zu schlagen. In einem Land, das sich in besonderem Maße der Verfolgung der NS-Verbrechen gewidmet hat, wird eine Diskrepanz erkennbar, die den Opfern überall zu schaffen macht: die offizielle Bestrafung der Täter entlastet die Opfer nicht. Deshalb haben hier die ehemaligen KZ-Insassen einen ehemaligen Wächter gefangen gesetzt. Die Radikalität, mit welcher der Bruch mit der Vergangenheit in der DDR beschworen (und betrieben) wurde, macht es gerade schwer, die Kontinuität der eigenen Verletzung zu ertragen, zumal dann, wenn sie nicht in der politischen Überzeugung, sondern im rassistischen Wahnsinn ihren Ursprung hat. Wer das Leben nicht an den Antisemitismus verlor, mochte sich als »Opfer des Faschismus« seiner jüdischen Identität endgültig beraubt sehen. Hier wird deutlich, inwieweit dieser Roman, der in West-Berlin geschrieben wurde, dennoch ein DDR-Roman ist: Die Geschichte und die Figuren sind dort etabliert, sie sprechen, leben und sterben auf der Basis eines staatsoffiziellen Antifaschismus. Diese politischen Voraussetzungen ermöglichen erst Beckers spezifische Thematik: Daß seine Romane über die »Vergangenheitsbewältigung«, über »das Bedürfnis, mit der Vergangenheit auf eine Weise umzugehen, daß sie aufhört, uns zu quälen«[16], in der DDR angesiedelt sind, ist die Bedingung ihres radikalen Anspruchs, der die Beschädigungen der Opfer in den Vordergrund stellt. Die Erfahrung ist dabei eindringlicher, als es dem Erzähler lieb ist: Er möchte sie »mit dem Verstand erledigen«[17]. »Gebt mir das steinerne Herz«[18], wünscht der Erzähler. Die Geschichte von der versuchten Rache der älteren Generation an einem KZ-Schergen, die Preisgabe des vernünftigen Lebens durch die Schwester und die eigene Erfahrung mit dem »Symptom desselben Leidens«[19] haben den Erzähler über das »Trauerjahr« hinaus aus dem Konzept der rationalen und öffentlichen Bewältigung gebracht. Daß dies die Leser im westlichen und nun im ganzen Deutschland ebenso angeht, steht ohne Zweifel fest. So können DDR-Romane gerade durch ihre situative Bindung an den sozialistischen Staat ihre gesamtdeutsche Bedeutung finden.

II

»Bronsteins Kinder« ist in der Bundesrepublik zu Recht nicht nur als ein Roman über den Umgang mit der Vergangenheit aufgenommen worden, sondern auch als »eine vorzügliche, zumeist in lakonischer Sprache geschriebene Geschichte über den DDR-Alltag der 70er Jahre«[20]. Bronstein ist nicht nur der Name des Erzählers und seines Vaters, es ist auch der eigentliche Name Lew Trotzkis, wie so viele zugleich ein Wegbereiter *und* ein Opfer des Kommunismus.[21] Daß der Roman seinen Namen im Titel trägt, ist ein thematisches Signal: Die »permanente Revolution« hat nicht nur die persönlichen Verhältnisse der Familie Bronstein erfaßt, sondern auch in der umgebenden Gesellschaft einen neuen Höhepunkt erreicht: durch den Tod Walter Ulbrichts. Dieser Einschnitt in die Staatsgeschichte wird unspektakulär und eindringlich zugleich in die Geschichte eingewoben: Der Tod des ehemaligen Staatsratsvorsitzenden macht den Erzähler einfach traurig, nicht weil er »ein Verehrer Ulbrichts gewesen wäre«, sondern weil er von »allen Autoritäten des Landes (...) die vertrauteste (war), auch wenn in letzter Zeit kaum noch über ihn gesprochen worden war«[22]. Hier wird eine Fähigkeit zu trauern demonstriert, die sich nicht nach Schlußstrichen und Wendepunkten sehnt, sondern nach Permanenz, einem Garanten dafür, mit der fortschreitenden Geschichte leben zu können. Diese Hoffnung auf einen langsamen Wandel in Anerkennung der Situation ist der Grundgestus der Zeit, in die Becker seinen Roman projiziert hat: »wir werden neuerdings ja laufend anerkannt«[23] – mit solchen Sätzen wird die politische Tauwetter-Periode von den Protagonisten in die Alltags-Realität geholt, unverklärt, aber doch hoffnungsvoll. Willy Brandts Rücktritt – im Jahr nach Ulbrichts und Arno Bronsteins Tod – löst deshalb Schrecken aus.[24] Mit solchen Szenen hat Becker die Stimmung in der DDR einfangen können und sich dabei weder zum Apologeten noch zum besserwisserischen Ankläger stilisiert.[25] So heißt es anläßlich der Weltjugendfestspiele in Ost-Berlin einmal, es gebe »eine Verfügung in der Stadt, wonach so wenig wie möglich verboten sein sollte«[26]. Und wenn schließlich die Befreiung des gefangenen KZ-Aufsehers beinah daran scheitert, daß in der ganzen Stadt kein Seitenschneider zu bekommen ist[27], dann wird in diesem Bild die ganze Herrlichkeit und zugleich das ganze Paradox des sozialistischen Staates auf den Punkt gebracht: Die Fesseln der Faschisten sind ebensowenig zu lockern wie Mauern und Stacheldrahtzäune zu überwinden.

Der junge Erzähler in »Bronsteins Kinder« vermag mit dieser Situation zu leben. Der Lehrer Simrock aus dem Roman »Schlaflose Tage« (1978) nicht. Er erkrankt am Herzen – an jenem Organ, dessen Versteinerung auch Hans Bronstein sich wünschte. Gibt in Beckers Büchern über den Umgang mit der NS-Vergangenheit der DDR-Alltag den situativen Hintergrund ab, ohne zum eigentlichen Thema zu werden, so ist diese Realität hier selbst das Problem, mit dem die Protagonisten zu leben versuchen: Ein Lehrer erkennt, daß er nicht mehr an einer Erziehung mitwirken kann, in der bestimmte Fragen von vorneherein verboten sind, in der Freiwilligkeit mit Zwang identisch ist und wo der einzelne nur dann etwas zählt, wenn er seine Identität an die Prinzipien des Sozialismus abtritt. Man hat – in Ost und West – dieses Buch aus politischen Gründen abgelehnt bzw. nicht sehr wohlwollend aufgenommen: auf der einen Seite, weil mit dem Fluchtversuch der Freundin Simrocks die Grenze zwischen den beiden deutschen Staaten zum Thema gemacht und »die Nicht-Möglichkeit, sie in bestimmten und sei es belletristischen Formen in Frage zu stellen«[28], damit angetastet wurde. Auf der anderen Seite regte sich Kritik, weil »der Autor seine westdeutschen Leser, die mit DDR-Verhältnissen nicht vertraut sind, offensichtlich für dumm verkaufen will. Was hier nämlich geboten wird, ist DDR-Wirklichkeit im zweiten Aufguß, gesäubert also von jenen Zutaten, die den Roman erst zum legitimen Politikum machen könnten.«[29]

Die Kritiken an Beckers Roman zeigen, wie schwer und wie notwendig das Projekt tatsächlich ist, das der Lehrer Simrock verfolgt. Er will kein Republikflüchtling sein, obwohl seine Freundin einen solchen Versuch unternimmt. Er will aber auch nicht einfach mit- und weitermachen, sondern sich einmischen, »sich mühen, endlich nach dem neuesten Stand seiner Erkenntnisse zu leben. Und sich mühen, aufrichtig zu sein.«[30] Und konkret: den Versuch unternehmen, »den Zustand seiner Umgebung und seine sozialistischen Hoffnungen einander näherzubringen«[31]. Dabei ist der Lehrer – schon von seinem Beruf her – nicht eine geschichtslose Person, die nach zeitenthobener Identität sucht. Er ist in die konkrete Situation seiner Gesellschaft eingebunden und ihr Vermittler zugleich – eine Doppelbindung, die er mit dem Schriftsteller teilt. Es ist keine private oder psychische Krise, keine Midlife-Crisis, an der er leidet. Darin unterscheidet er sich sowohl von den kriselnden DDR-Lehrern in Günter Görlichs »Eine Anzeige in der Zeitung« (1978)[32] und Uwe Saegers »Warten auf Schnee« (1981) als auch von Martin Walsers Bodensee-Pädagogen in »Ein fliehendes Pferd« (1978). Es ist aber auch nicht ein allgemeiner Weltzustand, an dem die Aufrichtigkeit ihre Mühe hat. Vielmehr sind es ganz konkrete Aufgaben, die Simrock zu bewältigen versucht, konkrete Aufgaben der DDR-Realität, die gerade als solche Exemplarität über die Situation hinaus erhalten: daß Grenzen die Leute daran hindern, dorthin zu gehen, wohin sie gehen und von wo sie vielleicht wieder zurückkehren wollen[33], oder daß die Behandlung eines Gedichts mit dem Titel »Lob des Zweifels« zu Maßregelungen führt (»*Der Verfasser des Gedichts ist zwar Berthold Brecht, aber wir alle haben schließlich schwächere und stärkere Stunden.*«[34]). »Nun darf man«, schrieb ein westdeutscher Rezensent des Buches, »allerdings nicht so tun, als gäbe es all dies in der Bundesrepublik nicht; das Gedicht dürfte vielleicht nicht von Brecht, es müßte halt von Erich Fried stammen, oder vielleicht nicht aus Hans Benders, sondern dem Lesebuch ›Drucksachen‹, und leicht würde der Lehrer ebenfalls einer Ministerialrätin gegenüberzusitzen die Gelegenheit erhalten.«[35] Auch in diesem Fall gilt, daß die konkrete Situation der Helden die des sozialistischen Staates ist, daß ihre Fragen und Probleme darin aber nicht ihre Grenzen haben.

III

Mit den Verhältnissen zu leben und dennoch sich selbst treu zu bleiben, das ist wohl das Grundthema in Beckers Prosa. Dies mag als ein affirmatives Programm erscheinen, doch ist alles andere damit gemeint. In der Tat hat Beckers Roman »Irreführung der Behörden« (1973) einen Helden, der Anpassung als den bequemeren Weg durchs Leben wählt. Auch der Jung-Schriftsteller Bienek hat seine öffentliche Rolle zu spielen und ist darin der ungleiche Bruder des Lehrers Simrock. Anders als ihm geht es Gregor Bienek nach anfänglichen Schwierigkeiten mit der Zensur aber nur noch darum, glatte Geschichten abzuliefern, die keinen Widerspruch erregen.[36] Was Simrock später zum Aufbegehren gegen die Behörden bewegt, hat bei Bienek einen stillstellenden Effekt. Mit ähnlichen Worten, die der Lehrer für seinen Ausbruch reklamieren wird, versucht Bieneks Frau Lola den Schriftsteller wieder an seine öffentlichen Aufgaben zu binden: »Sie erwarten von dir Aufrichtigkeit, und sie haben ein Recht darauf, denn deine Arbeit wird fürstlich bezahlt. Aber was tust du? Du führst sie in die Irre und lieferst alte Hüte ab, die du in deiner Werkstatt mit ein bißchen Talent aufpolierst. Hältst Dich gar noch für nützlich dabei, aber du bist es nicht, weil die Sorgen dieser Gesellschaft nicht deine eigenen sind, du hast nur irgendwann beschlossen, so zu tun.«[37] Dennoch liest man auch Gregors Geschichte mit Solidarität: Immerhin erzählt er selbst (in der Ich-Form) vom Nutzen, aber auch von den Schwierigkeiten der Anpassung.[38] Daß der Schriftsteller nur zögernd und mit Angst – wenn überhaupt – darauf verzichtet, »alle Einwände im voraus«[39] zu berechnen und zu umgehen, zeugt davon, wieviel leichter der andere Weg stets gefallen ist. Und so ist die Geschichte vom Opportunisten Gregor ein Plädoyer für mehr Aufrichtigkeit, auch wenn diese wohl kaum im Sinne Lolas zu einer stärkeren Bindung des Schriftstellers an seine Auftraggeber führen wird – im Gegenteil.[40]

In Beckers Geschichten kann man jenen Helden begegnen, die so selten geworden sind: die sich nichts vormachen und nichts vormachen lassen. »Kein Mensch hatte mich gelehrt, Widerstand zu leisten«[41], heißt es in »Bronsteins Kinder«. Dieses Problem hat nicht nur der Erzähler in diesem Roman. Jakob der Lügner teilt es mit ihm und auch Gregor Bienek. Der Erzähler jener kurzen Geschichte mit dem bezeichnenden Titel »Allein mit dem Anderen«[42] bequemt sich gar, seine Unfähigkeit zum Widerstand zu institutionalisieren: Um sich selbst vor Opposition zu schützen, erfindet er ein Über-Ich, das den Zwang zur Zustimmung mit Waffengewalt (das Über-Ich ist mit einer Pistole ausgerüstet) aufrecht erhält. Auch wenn sich der Erzähler, den Zweifel an seiner Staatstreue überkommen hatten, nun immer noch so verhält, wie man es stets von ihm erwartet hat, so ist ihm selbst doch leichter zumute. »Ich war nun jemand, dem gar nichts anderes übrigblieb, als sich genau so zu verhalten, wie er sich verhielt. Ich weiß noch, zufällig las ich damals das Wort *Befehlsnotstand* in einer Zeitung, da dachte ich: genau das könnte ich für mich in Anspruch nehmen.«[43] Selbstkonstruierter Befehlsnotstand und die Unfähigkeit zum Widerstand, das sind die Koordinaten, gegen die Becker mit seinen Helden aufbegehrt. Wie konkret diese Kritik noch nach dem Ende des sozialistischen Staates verstanden werden muß, hat Becker in seinem Artikel »Zum Bespitzeln gehören zwei« ausgeführt.[44] Mit der schon bekannten Mischung aus Solidarität und Kritik schreibt er: »Wenn die Ergebenheit, mit der die meisten DDR-Bürger ihren Staat ertrugen, sich im nachhinein in *unvermeidliche* Ergebenheit verwandelt oder gar in heimlichen Widerstand, beginnt die neue Zeit mit Lügen. Nein, Mut und Aufrichtigkeit standen in diesen vierzig Jahren nicht in hoher Blüte. Man sollte das den Menschen nicht vorwerfen, denn zu Mut ist niemand verpflichtet, man sollte es aber auch nicht verschweigen.«

Einer der Helden, die keine Jasager sein wollen und bereit sind, dafür einen hohen Preis zu zahlen, ist der Nachrichtenredakteur Kilian aus dem Roman »Aller Welt Freund« (1982). Wie der Titel schon andeutet, ist an Kilian die nationale Identität nicht entscheidend und also auch nicht die

Bindung an einen konkreten Alltag in Ost oder West.[45] Kilian macht wohl den radikalsten Versuch, sich gegen die Verhältnisse aufzulehnen, der gerade deswegen scheitert, weil er die konkreten Umstände nicht beachtet: Sein Selbstmordversuch wird durch die Wetterverhältnisse vereitelt. Beckers Buch will – wie die vorangegangenen Texte – Perspektiven und Irrwege zeigen, die alle nur ein Thema haben: in den Verhältnissen zu überleben. Angesichts der Vergeblichkeit von Jakobs Lügen, angesichts der Irreführung durch den Opportunismus eines Gregor Bienek, der leblosen Starre des Boxers und des Wunsches nach einem steinernen Herzen und angesichts der Wirkungslosigkeit, zu welcher der suspendierte Lehrer Simrock als Brotfahrer mit seinem »Lob des Zweifels« verdammt ist, mag Kilians Weltschmerz eine letzte Konsequenz sein. Kilian verzweifelt an den Nachrichten, die er Tag für Tag zu übermitteln hat: »Wenn man es genau nimmt, hat er natürlich nicht an den Nachrichten gelitten, sondern an den Zuständen, die dahintersteckten.«[46] Die Zustände sind folgende: »die Überbevölkerung der Erde«[47], »die Zerstörung der Ozonschicht«[48] oder auch die »Lage im Mittleren Osten«[49]. »Die Auswahl ist nicht üppig: ich habe mich zwischen dem irakisch-iranischen Krieg, den Urteilen türkischer Militärgerichte und der Wahl eines gewissen Niemand zum Präsidenten, die den Amerikanern bevorsteht, zu entscheiden.«[50] Nach seinem mißglückten Selbstmordversuch bleibt Kilian nur ein Spielraum, um weiter leben zu können: Er wird Sportreporter. Damit nimmt er jene Entwicklung vorweg, die Becker auch auf die DDR-Schriftsteller im geeinten Deutschland zukommen sieht. Der Abschied von den »ernsten Anliegen« als »Anpassung« an den Markt; keine Nachrichten mehr, auch keine Literatur, »sondern höchstens etwas Unterhaltung«.[51] Zynismus kann aufrichtig sein: »Solange ich nicht tot bin, muß ich versuchen zu leben, ich meine, man kann nicht alles auf einmal haben.«[52]

Kilian fällt eigentlich keine Lebensstrategie mehr ein. Vielleicht hat dies einen Grund darin, daß die Probleme globaler geworden sind[53], und einen zweiten darin, daß er deshalb nicht mehr weiß, wohin er gehört. Bei Jakob und seinem Erzähler, bei Gregor Bienek, beim Boxer, bei der Familie Bronstein und beim Lehrer Simrock war dies noch anders – ihre persönlichen Konsequenzen waren weniger radikal, doch der Druck der ›Verhältnisse‹ um so konkreter. Sollte dies nunmehr der Preis für die Auflösung der Bindung an die DDR-Realität sein, daß die Verzweiflung bleibt und den Helden nur noch der Tod? Und dem Redakteur wie dem Schriftsteller nur marktkonforme Unterhaltung?[54]

Jurek Becker hat mehr zu bieten als diese traurige Konsequenz, auch wenn er wenig zukunftsfroh ist angesichts von »Gesellschaften ohne Zielvorstellung«, wie er sie nun auch in Osteuropa entstehen sieht.[55] Anpassung an die Verhältnisse und der Versuch des Widerstands ziehen sich als roter Faden durch sein Werk.[56] Es ist ein deutsches Thema[57], dessen vorläufig letzter großer Gegenstand die Realexistenz des Sozialismus war. Becker hat keine »Ästhetik des Widerstands« geschrieben, wie ihm überhaupt die theoretische Überhöhung der Realität äußerst fremd ist, obwohl doch seine Figuren mit dem Grübeln, Überlegen und Nachsinnen niemals aufhören.[58] Diese Gratwanderung zwischen Reflexion und tätiger Konsequenz mag den richtigen Weg in jeder Situation weisen: »Und sich mühen, aufrichtig zu sein.« So hat Jurek Becker aus seinen Erfahrungen in Deutschland jene praktischen Einsichten gewonnen, die seine Leser in Ost und West noch brauchen werden. In seiner fiktiven »Ansprache vor dem Kongreß der unbedingt Zukunftsfrohen«[59] – einer Allegorie auf jeden Staat, der »die Mißlichkeiten des Tages mit dem Glück der Zukunft zu bekämpfen«[60] versucht – hat er nicht nur das Ende dieses anderen Kongresses der Weißwäscher vorhergesagt. Er hat uns allen zugleich ein Motto ins Stammbuch der Zukunft geschrieben: »Wir wünschen Ihnen dann den Mut, nicht in alte Erwartungen zurückzuflüchten, sondern jede einzelne zu überprüfen am wahren Stand der Dinge. Wir versichern Sie der Erkenntnis, daß Fortschritt auch in Ernüchterung bestehen kann.«[61]

1 »Ich weiß ebensowenig wie Martin Walser«, schrieb Becker 1988 gegen dessen Münchener Deutschlandrede, »wie in einer Zukunft, die wir beide nicht erleben werden, die Grenzen in Europa verlaufen. Vielleicht wird es den Kontinent irgendwann einmal so durchschütteln, daß hinterher alles anders ist (...). Ich halte das weder für wahrscheinlich noch für unwahrscheinlich: es kann sein.« Es kam schneller als Becker, Walser und alle anderen geahnt haben. »Eine Meinung ist eine Meinung«, schrieb Walser nach der Vereinigung; da hat er recht: vgl. Jurek Becker: »Gedächtnis verloren – Verstand verloren«, in: »Neue Deutsche Literatur«, 37, 1989, H. 5, S. 164–170, hier S. 167 (zuerst in: »Die Zeit«, 18.11.1988); und Martin Walser: »Vormittag eines Schriftstellers«, in: »Die Zeit«, 14.12.1990. – 2 Vgl. Hans-Jürgen Schmitt: »Von den ›Mutmaßungen‹ zu den ›Neuen Leiden‹. Zur Wirkungsgeschichte der DDR-Literatur«, in: ders. (Hg.): »Die Literatur der DDR«, München 1983, S. 15–41, hier S. 19. – 3 Vgl. Volker Hage: »Die Wahrheit über Jakob Heym«, in: »Die Zeit«, 15.3.1991. Hage wollte den Text literarisch aufwerten, indem er schrieb, ihn als einen DDR-Roman zu bezeichnen, käme ihm »wie ein Sakrileg vor«. Das ist aber nur dann eine Aufwertung, wenn man apriori davon ausgeht, daß DDR-Literatur »unheilig«, also wertlos sei. Hage stellt im folgenden auch die Bindung der Romane »Der Boxer« und »Schlaflose Tage« an die Realität des Sozialismus in Frage – und nivelliert damit jene Besonderheiten, deren Anerkennung erst die Texte sowohl in ihrer situativen als auch in ihrer ästhetischen Bedeutung ernst nähme. – 4 Bertolt Brecht: »An die Nachgeborenen«, in: ders.: »Gesammelte Werke«, Bd. 9, Frankfurt/M. 1967, S. 722–725, hier S. 723. Zur Bedeutung des Baumes als Hoffnungssymbol vgl. John P. Wieczorek: »Irreführung durch Erzählperspektive? The East German Novels of Jurek Becker«, in: »Modern Language Review« 85, 1990, S. 640–652, hier S. 642. – 5 Jurek Becker: »Jakob der Lügner«, Frankfurt/M. 1982 (= suhrkamp taschenbuch 774), S. 9; im folgenden nach dieser Ausgabe zitiert als JdL. – 6 JdL 98. – 7 Vgl. Werner Neubert: »Wahrheitserpichter Lügner«, in: »Neues Deutschland«, 14.5.1969. Die Frage, was die Nicht-Schilderung von Widerstand bedeutet, ist vielfach diskutiert worden; vgl. »Moral Issues in Jurek Becker's ›Jakob der Lügner‹. Contributions to a Symposium«, in: »Seminar«, 1983, H. 4, S. 265–292. – 8 Jurek Becker: »Der Boxer«, Frankfurt/M. 1979 (= suhrkamp taschenbuch 526), S. 249; im folgenden nach dieser Ausgabe zitiert als Bo. – 9 Bo 151. – 10 Bo 254. – 11 Bo 255. – 12 Bo 303. – 13 Bo 300. – 14 Jurek Becker: »Bronsteins Kinder«, Frankfurt/M. 1988 (= suhrkamp

taschenbuch 1517); im folgenden nach dieser Ausgabe zitiert als BK. – **15** Zur besonderen Rolle der Schwester vgl. Horst Dieter Schlosser: »Der irre ›Mittelpunkt der Welt‹. Zu Jurek Beckers Roman ›Bronsteins Kinder‹«, in: »Wirkendes Wort«, 39, 1989, H. 2, S. 261–269. Ihr Pendant haben die Geschwister Bronstein im Elternpaar des dritten Bandes der »Ästhetik des Widerstands« (1981) von Peter Weiss: dort ist der Vater so vernunftorientiert wie Beckers Erzähler, und die Mutter erkrankt wie die Schwester an den nationalsozialistischen Greueln. Vgl. zum Kontext Thomas Anz: »Gesund oder krank? Medizin, Moral und Ästhetik in der deutschen Gegenwartsliteratur«, Stuttgart 1989, S. 176–180. – **16** Jurek Becker: »Zum Bespitzeln gehören zwei. Über den Umgang mit der DDR-Vergangenheit«, in: »Die Zeit«, 3.8.1990. – **17** BK 8. Vgl. dazu Werner Jung: »Die Anstrengung des Erinnerns«, in: »Neue Deutsche Hefte«, 35, 1988, H. 1, S. 96–104, hier S. 101: »Er ist ein typisches Kind des neuen, sozialistischen deutschen Staates, der auf seine Weise die Vergangenheit bewältigt hat, nämlich rational-vernünftig, mit politischen Maßnahmen, ohne dabei jedoch auch die emotionale Seite (...) zu kultivieren.« – **18** BK 7. – **19** BK 44. – **20** Wolfgang Emmerich: »Kleine Literaturgeschichte der DDR«, erweiterte Ausgabe, Frankfurt/M. 1989, S. 328. Als »einen Beitrag auch zur Beantwortung der entscheidenden Frage dieses Jahrhunderts: Wir oder sie« wollte eine Leserbriefschreiberin an das »Neue Deutschland« den Roman »Bronsteins Kinder« verstanden wissen. Und sie glaubte, Arno Bronsteins Selbstjustiz als Handlungsweise akzeptieren zu müssen, »besonders in der heutigen Zeit und angesichts der unheilvollen Entwicklung in der BRD«. Die heutige Zeit, von der hier die Rede ist, meint den November 1989. Da mochte selbst die Redakteurin des »Neuen Deutschland« mit ihrer Antwort nicht mehr zustimmen: Es ginge nicht um den »Sieg schlechthin, sondern eben um Humanitätsfortschritt, der auch innerhalb der kapitalistischen Gesellschaft möglich ist«. Vgl. »Bronsteins Rache – ein legitimes Recht? Dr. Irmtraud Gutschke im Dialog mit der Leserin Sonja Drechsler«, in: »Neues Deutschland«, 3.11.1989. – **21** Vgl. dazu Werner Rossade: »Vergangenheitsbewältigung in der DDR«, in: »Deutschland Archiv«, 22, 1989, H. 5, S. 576–580, hier S. 579. – **22** BK 249. – **23** BK 287. – **24** Vgl. BK 56. – **25** Vgl. in diesem Sinne Hans Joachim Bernhard: »Die Eingangstür zur Phantasie des Lesers«, in: »Neue Deutsche Literatur«, 36, 1988, H. 5, S. 137–141. – **26** BK 272. – **27** Vgl. BK 293. – **28** Zu dieser Kritik des Kulturfunktionärs Höpcke an Beckers Roman vgl. Helmut Mörchen: »Zur Darstellung zweier Lehrerschicksale in Romanen aus der DDR: Jurek Becker ›Schlaflose Tage‹ und Günter Görlich ›Eine Anzeige in der Zeitung‹«, in: »Diskussion Deutsch«, 16, 1985, S. 264–274, hier S. 270. – **29** Jörg Bernhard Bilke: »Simrocks Anfechtung. Jurek Becker zeichnet eine gesäuberte ›DDR‹-Wirklichkeit«, in: »Die Welt«, 8.4.1978. Aus ähnlichen Gründen lehnt Bilke auch Beckers Erzählungssammlung »Nach der ersten Zukunft« (1980) ab, vgl. »Die Welt«, 27.9.1980. – **30** Jurek Becker: »Schlaflose Tage«, Frankfurt/M. 1980 (= suhrkamp taschenbuch 626), S. 29; im folgenden nach dieser Ausgabe zitiert als SchT. – **31** SchT 78. – **32** Vgl. dazu Mörchen, a.a.O. – **33** Vgl. SchT 114. – **34** SchT 116. – **35** Thomas Bremer: »Roman eines Störenfrieds«, in: »Neue Rundschau«, 89, 1978, H. 3, S. 470–476, hier S. 475. – **36** Zur Interpretation des Romans im Kontext der offiziellen Literaturpolitik vgl. Reinhild Köhler-Hausmann: »Literaturbetrieb in der DDR. Schriftsteller und Literaturinstanzen«, Stuttgart 1984, S. 47–66. – **37** Jurek Becker: »Irreführung der Behörden«, Frankfurt/M. 1979 (= suhrkamp taschenbuch 271), S. 248; im folgenden zitiert als IdB. – **38** Der Titel des Romans kann in diesem Sinne als Genitivus objectivus und als subjectivus verstanden werden. Zu den vielfältigen Formen der Irreführung vgl. Philip Manger: »Jurek Becker, ›Irreführung der Behörden‹«, in: »Seminar«, 1981, H. 2, S. 147–163. – **39** IdB 247. – **40** In bezug auf »Irreführung der Behörden« sagte Becker: »Ich halte Opportunismus für kein DDR-spezifisches Problem, da ich aber in einem Buch nicht alles über alles sage, kann ich mich nur auf den Ring beschränken, in den ich mich begeben habe. (...) Ich hoffe, die DDR, ich weiß es, sozialistische Staaten streben eine Gesellschaftsordnung, Zustände an, in denen Opportunismus unbequem wird. Ich möchte dazu beitragen, daß Opportunismus zu Schwierigkeiten führt, zu Schwierigkeiten für den praktizierenden Opportunisten und nicht zur Erleichterung seines Lebens. Als Beitrag dazu empfinde ich mein Buch.« (Interview mit Peter Lübbe, in: »Deutschland Archiv«, 7, 1974, H. 5, S. 520–527, hier S. 522.) Dieser Beitrag hat offensichtlich zur Bekämpfung von Opportunismus in der DDR nicht ausgereicht. – **41** BK 85. – **42** In: Jurek Becker: »Nach der ersten Zukunft. Erzählungen«, Frankfurt/M. 1983 (= suhrkamp taschenbuch 941), S. 211–226; im folgenden nach dieser Ausgabe zitiert als NdZ. – **43** NdZ 218. – **44** In: »Die Zeit«, 3.8.1990. – **45** Auf Nachfrage bestätigte Becker allerdings, daß auch »Aller Welt Freund« in der DDR »spielt«. Die fehlende Eindeutigkeit darin hat man dem Buch als Mangel vorgeworfen. Vgl. W. Martin Lüdke: »Ein starker Abgang?«, in: »Der Spiegel«, 27.9.1982.

Volker Hage: »Die Nase voll von dieser Welt – von welcher?«, in: »Frankfurter Allgemeine Zeitung«, 5.10.1982. Thomas Rothschild: »Die vergebliche Suche nach Zufriedenheit«, in: »Frankfurter Rundschau«, 6.10.1982. – **46** Jurek Becker: »Aller Welt Freund. Roman«, Frankfurt/M. 1985 (= suhrkamp taschenbuch 1151), S. 170; im folgenden nach dieser Ausgabe zitiert als AWF. – **47** AWF 91. – **48** AWF 92. – **49** AWF 179. – **50** AWF 164. – **51** Jurek Becker: »Warnung vor dem Schriftsteller. Drei Vorlesungen in Frankfurt«, Frankfurt/M. 1990, S. 43. – **52** AWF 184. – **53** Vgl. dazu Heinz Wetzel: »Fiktive und authentische Nachrichten in Jurek Beckers Romanen ›Jakob der Lügner‹ und ›Aller Welt Freund‹«, in: »Im Dialog mit der Moderne. Zur deutschsprachigen Literatur von der Gründerzeit bis zur Gegenwart«, hg. v. Roland Jost und Hansgeorg Schmidt-Bergmann, Frankfurt/M. 1986, S. 439–452; vgl. auch Beckers Aufforderung zum Optimismus und zur Wahrnehmung der eigenen Zuständigkeit für globale Probleme in: »Über den Kulturverfall in unserer Zeit«, in: »Die Zeit«, 13.5.1983. – **54** Trotz seines Umzugs in den Westen hat Becker lange Zeit nicht versucht, die bundesrepublikanische Realität literarisch zu gestalten. Erst die Fernsehserie »Liebling Kreuzberg« siedelte er außerhalb der DDR an (und mit Berlin auch wiederum in ihrer Mitte). Jurek Becker gehört also zu jenen Autoren, die nach ihrem Länderwechsel »offensichtlich Schwierigkeiten (haben), sich stofflich zu orientieren« (Emmerich, a.a.O., S. 462). Man könnte aber auch sagen: die von den Herausforderungen des Landes, in dem sie aufgewachsen sind, nicht lassen wollen. – **55** Jurek Becker: »Über die letzten Tage. Ein kleiner Einspruch gegen die große deutsche Euphorie«, in: »Neue Rundschau«, 101, 1990, H. 1, S. 90. – **56** In einem Gespräch mit Volker Hage sagte Becker: »Opportunismus (ist) immer ein reizvolles Thema für mich gewesen (...) – die Wurzeln von Anpassung, die Gründe von Anpassung, die Folgen von Anpassung« (in: »Deutsche Literatur 1986. Jahresüberblick«, hg. v. Volker Hage in Zusammenarbeit mit Adolf Fink, Stuttgart 1987, S. 331–342, hier S. 340). Zu diesem Thema vgl. auch Susan M. Johnson: »The Works of Jurek Becker: A Thematic Analysis«, New York u.a.O. 1988, S. 109–132. – **57** Vielleicht trug »Bronsteins Kinder«, das die Erfahrungen der NS-Zeit mit denen der DDR-Realität nachdrücklich verbindet, deshalb ursprünglich den Titel: »Wie ich ein Deutscher wurde«. – **58** Becker wurde gefragt, warum die DDR seiner Meinung nach weiterexistieren sollte: »Ich habe angefangen zu überlegen, und ich überlege immer noch.« Vgl. Jurek Becker: »Über die Letzten Tage«, a.a.O. – **59** NdZ 201–209. – **60** NdZ 202. – **61** NdZ 209.

Oliver Sill

›Lieber sprechen als hören, lieber gehen als stehen‹

Jurek Becker als politischer Kommentator

Vor die Aufgabe gestellt, in knapper Form etwas über den ›politischen Kommentator Jurek Becker‹ zu formulieren, ergeben sich sehr bald Schwierigkeiten, die die vermeintlich klaren Konturen des Gegenstands verschwimmen lassen. Denn ebenso leicht wie fragwürdig wäre es, die expliziten Meinungsäußerungen Beckers zu politisch-gesellschaftlichen Problemen aufzulisten und ihrerseits einer Bewertung zu unterziehen. Das Material dazu läge auf der Hand. In einer Reihe von Interviews, Reden, Essays und Zeitungsartikeln hat Becker, mitunter in aller Deutlichkeit, Stellung bezogen: Noch in der DDR äußerte er sich über den Umgang westdeutscher Verlage und Kritiker mit DDR-Literatur[1]; zwei Gespräche mit dem »Spiegel« nutzte Becker, um seinen Bruch mit der SED und dem DDR-Schriftstellerverband zu erläutern[2]; in einem 1978 erschienenen Essay bestritt Becker jegliche identitätskonstituierende Relevanz seiner jüdischen Herkunft[3]; in verschiedenen Artikeln für »Die Zeit« diagnostizierte er die Gründe für den »Kulturverfall in unserer Zeit«[4], setzte sich mit dem bevorstehenden Staatsbesuch Erich Honeckers in der Bundesrepublik auseinander[5], widersprach in energischer Weise Martin Walsers Überlegungen zur ›deutschen Frage‹[6], reflektierte über die Zukunft des Sozialismus[7] und kritisierte im August 1990 den Umgang ehemaliger DDR-Bürger mit ihrer Vergangenheit[8].

Die verschwimmenden Konturen des Gegenstands, von denen eingangs die Rede war, sind auch nicht dadurch bedingt, daß der Erzähler Jurek Becker in den erwähnten Arbeiten stets von neuem den Essayisten verdrängt. »Einmal, erinnere ich mich«, heißt es etwa – oder immer wieder: »Ich will Ihnen dazu eine kleine Geschichte erzählen«. Und es folgen Geschichten über ein Trinkgelage mit einem freimütig werdenden Stasi-Beamten[9], über einen orthodoxen Juden, der den damals Elfjährigen wortlos schluchzend umarmt[10], oder über den jungen Manfred Krug, der dem alten Brecht mit ebenso respektlosen wie treffenden Antworten imponiert[11]. Solche Anekdoten dienen im übrigen nicht allein als illustrierende Elemente diskursiv gefaßter Einsichten; diese werden damit zugleich als erfahrungsvermittelt ausgewiesen, keineswegs Resultate ›reinen Denkens‹ oberhalb der Wirklichkeit, sondern Erkenntnisse über Wirklichkeit.

Nein, die Schwierigkeiten liegen auf einer anderen Ebene: Der Versuch, den ›politischen Kommentator‹ Jurek Becker vorzustellen, kann nur gelingen, wenn Beckers explizite Stellungnahmen als Konsequenz seines Selbstverständnisses als Schriftsteller begriffen werden. Dessen Aufgabe, aber auch die Voraussetzungen des Schreibens und die damit verbundenen Absichten und Hoffnungen, wie sie Becker in seinen Frankfurter Vorlesungen ausführlich dargelegt hat[12], sind wiederum untrennbar verknüpft mit den entscheidenden Zäsuren seiner Lebensgeschichte: mit den Kinderjahren im Ghetto und Konzentrationslager, aber auch mit jenen Ereignissen, die Jurek Beckers Wechsel von der DDR in die Bundesrepublik Ende 1977 zur Folge hatten. All dies gilt es zu berücksichtigen.

Es kommt einem persönlichen Glaubensbekenntnis gleich, wenn Becker 1989 hervorhebt: »Ich vermute, daß seit den Anfängen von Literatur der wesentlichste Antrieb zum Schreiben das Bedürfnis nach Stellungnahme gewesen ist, also nach Widerspruch.«[13] Nahezu alle Bücher, die »für mich Bedeutung hatten«, seien gekennzeichnet durch ein »Nichteinverstandensein mit etwas, das ist«[14]. Demgemäß sei das zentrale Thema der Literatur »das Toben der gesellschaftlichen Verhältnisse und Mißverhältnisse«[15]. Während »Anbiederung«[16] als Zweck des Schreibens Literatur zur Trivialität verdamme, sei »das Bedürfnis nach Parteinahme«[17] elementare Voraussetzung. Diese Äußerung darf keinesfalls mißverstanden werden: Mehrfach betont Jurek Becker, daß Bücher nicht »Vehikel« seien, »um Ansichten darauf zu transportieren«[18]; »daß schon manches Prosastück angesichts der ihm aufgepfropften Parolen seinen Geist aufgegeben«[19] habe. »Meinungen«, so Becker, wären »auf andere Weise in die Bücher hineinzuschaffen«[20]. Solch eher nebulösem Hinweis steht glücklicherweise eine Formulierung aus dem Jahre 1978 gegenüber, die weit größere Klarheit schafft: »It became apparent that the literature of a given country can be of interest only when different and conflicting points of view are presented within it; and not when a ›superior author‹ supplies the acceptable opinion (...).«[21] Es bedarf nicht einmal genauerer Analyse seiner Prosa, um zu erfassen, was Becker meint. In nahezu all seinen Werken gelangt ein ästhetisches Verfahren zur Anwendung, das zu den entscheidenden Charakteristika der Erzählweise Beckers gehört: In Form von Dialogen zwischen verschiedenen Figuren – und das heißt: mittels fiktionaler Konfigurationen – werden komplexe politisch-gesellschaftliche Problemfelder in ihren widersprüchlichen Facetten beleuchtet. Die vielfach mit Vehemenz und Erbitterung vorgetragenen Positionen, man denke nur an die Streitgespräche zwischen Jakob Heym und Professor Kirschbaum in »Jakob der Lügner« (1969) oder dem Ich-Erzähler und Aron Blank in »Der Boxer« (1976), relativieren einander – und bezeugen damit die Ambivalenz und Vielschichtigkeit dargestellter Realität. Vor diesem Hintergrund erschließt sich die Pointe von Beckers dritter Vorlesung in Frankfurt.[22] Sie besteht darin, das zuvor Erörterte nochmals modellhaft vorzuführen. Und wenn das Ich dieser ›Erzählung‹ abschließend ironisch vermerkt, »irgendwann (...) den Überblick« verloren zu haben, »welches meine und welches seine Position war«[23], so trifft dies den Kern der mit dem Schreiben verknüpften Absichten Jurek Beckers: Nicht die Entfaltung und legitimatorische Absicherung der eigenen Position ist die Aufgabe von Literatur, sondern eine Darstellungsweise, die den gewählten Gegenstand in all seinen Facetten beleuchtet – mit dem Ziel, »daß *Leser* sich beim Lesen

Meinungen bilden, *ihre* Meinungen, auf eine Weise, wie es ihnen ohne die Lektüre nicht möglich wäre«[24].

Die Konsequenzen für den Gegenstand dieses Aufsatzes sind schnell benannt: Die ›politische Kommentierung‹ bezeichnet den archimedischen Punkt für den Schriftsteller Jurek Becker; der ›politische Kommentator‹ Becker artikuliert sich explizit, in Essays, Reden und ähnlichem, oder implizit, mittels ›ästhetischer Stellungnahmen‹, die den Horizont der eigenen Position überschreiten und den Leser zur Meinungsbildung ermuntern. Es gilt, beide Ebenen im Blickfeld zu behalten, wenn Beckers Selbstverständnis als Schriftsteller vor dem Hintergrund seiner lebensgeschichtlichen Erfahrungen verdeutlicht werden soll.

Die Fakten sind bekannt: Gemeinsam mit elf Kollegen protestierte Becker 1976 öffentlich gegen die Ausbürgerung Wolf Biermanns. Die SED reagierte mit Parteiausschluß; Becker seinerseits verließ daraufhin den DDR-Schriftstellerverband. Ende 1977 wechselte er in den Westen, seit 1979 ausgestattet mit einem Visum, das dem (damaligen) DDR-Bürger mit Wohnsitz im Westen die freie Ein- und Ausreise garantierte.[25]

Im unmittelbaren Rückblick des Jahres 1977 hat Becker den Versuch unternommen, die persönliche Bedeutung jenes entscheidenden Wendepunkts näher zu beschreiben. Er habe mit dem öffentlichen Protest den jahrelang internalisierten »Verdrängungsmechanismus (...) amputiert«; »die mir von den Statuten der Partei aufgegebene Loyalität« als »falsch verstandene Solidarität«[26] durchschaut. In der Tat: Becker war zuvor, »was man bei uns einen guten Genossen nennt«[27]. Die ostdeutsche Beteiligung am Einmarsch in die ČSSR; ein Vorgang, »der auf keinen Fall (hätte) geschehen dürfen«[28], führte allein zu internen Auseinandersetzungen, nicht zum Bruch mit der SED. Und 1973 noch sieht Becker einen der Zwecke westdeutschen Interesses an der DDR-Literatur darin, »Mißtrauen zu säen, einen Keil zwischen die Autoren und die Partei zu treiben«[29].

Seit dem Wendepunkt des Jahres 1976 ist Becker nicht mehr bereit, »etwas unter uns (zu) klären«, »etwas unter den Teppich (zu) kehren«[30]. Für die Zukunft gilt: »ich will mich nicht raushalten«[31]. Und daran hat er sich seither gehalten. Stets von neuem attackierte Becker in den letzten Jahren obrigkeitsstaatliche Tendenzen in Ost und West, wohl am schärfsten in seinen Thesen »Über den Kulturverfall in unserer Zeit« (1983): »(...) im Verhältnis zwischen Staat und Bürgern ist es eine Selbstverständlichkeit, die Dinge mit ihrem Gegenteil zu bezeichnen: Die geistige Verkrüppelung wird freie Entfaltung genannt, das eingeschüchterte Kopfnicken freie Meinungsäußerung, Engstirnigkeit heißt freie Willensbildung, Indoktrination freie Meinungsbildung, Gehorsam Freiwilligkeit.«[32] Einen weiteren Schwerpunkt der politischen Kommentare Beckers bilden die Literaturverhältnisse in der Bundesrepublik und der DDR. Die diesbezüglichen Ausführungen Beckers in den Frankfurter Vorlesungen (1989) erscheinen aus heutiger Sicht wie eine vorgezogene Grabrede, die allerdings weder den nunmehr Verstorbenen noch seinen westdeutschen Alleinerben schont. Die DDR als »Heimstatt von

Bevormundung, von geistiger Leere«[33]? Was 1973 noch von Becker als Ausdruck einer ›Mentalität des Kalten Krieges‹ bei West-Kritikern gebrandmarkt wird[34], klingt 1989 folgendermaßen: In einem Land, in dem die »staatlich verfügte Hauptmeinung« herrsche, verdanke die Literatur »ihren Einfluß zum größten Teil der Existenz der Zensur«[35]. Diese sei »immer die zur Instanz gewordene Geistlosigkeit, der ein Knüppel in die Hand gegeben ist«[36]. Im westdeutschen Literaturbetrieb, bei dem es sich »in erster Linie um einen Wirtschaftszweig«[37] handele, herrsche dagegen »ein Gesetz, das nach meiner Beobachtung von Jahr zu Jahr strikter zur Geltung kommt: Widerspruch wird bestraft, Anpassung belohnt«[38].

Stets bewegen sich Beckers Ausführungen zu politisch-gesellschaftlichen Themen im Spannungsfeld von (abverlangter) Anpassungsbereitschaft des einzelnen und der Notwendigkeit eines selbstbewußten und solidarischen Widerstands. In seinen »Kulturverfall«-Thesen führt er aus: »(...) was mir wünschenswert vorkommt: (...) daß mehr Menschen aufhören zu glauben, die Vertretung ihrer Interessen liege in den richtigen Händen. Daß sie anfangen, sich für sich selbst verantwortlich zu halten.«[39] Kaum verwunderlich ist daher auch die kritische Stellungnahme Beckers zum »Umgang mit der DDR-Vergangenheit« (1990) – die Kritik eines, dem Recht nicht abzusprechen ist, sich zu diesem Thema zu äußern: »Der besondere Eifer, mit dem die Stasi-Schikanen nun angeprangert und verfolgt werden, scheint mir für viele wie ein Versuch, die eigene Unterwürfigkeit ungeschehen zu machen.«[40] Und wenn, so Becker weiter, »die Ergebenheit, mit der die meisten DDR-Bürger ihren Staat ertrugen, sich im nachhinein in unvermeidliche Ergebenheit verwandelt oder gar in heimlichen Widerstand, beginnt die neue Zeit mit Lügen«[41].

Das Thema ›Opportunismus‹, ein Interesse, das »mir in der DDR gewachsen (ist)«[42], bezeichnet zugleich einen der zentralen Gegenstände in der Prosa Jurek Beckers: nach eigenem Bekunden »eindeutig«[43] in »Irreführung der Behörden« (1973) und »Schlaflose Tage« (1978), unverkennbar auch im Mittelpunkt einiger Erzählungen des 1980 erschienenen Bandes »Nach der ersten Zukunft«. Gestaltet wird dort jener Typus, »der lieber hört als spricht und lieber steht als geht«[44]; Antithesis dessen, was Jurek Becker als Selbstverständnis formuliert hat – und dennoch: ein Typus, mit dem er sich in Auseinandersetzung mit der eigenen Vergangenheit zu beschäftigen hat. So widmete sich Jurek Becker nach dem Wechsel in den Westen mehrfach dem Problem einer ›internalisierten Zensur‹. Erst in dieser Zeit zu der Einsicht gelangt, daß »wahrscheinlich sämtliche Bücher unter dem Einfluß des Zensors«[45] in der DDR geschrieben wurden, bekennt er im Gespräch mit Volker Hage seine Zweifel, ob nicht auch von ihm Sätze »ungeschrieben geblieben (...), Gedanken an diese Sätze unterblieben«[46] sind. Wie, so fragt man sich, könnte dies vonstatten gegangen sein? Vielleicht so: Aron Blank, Irma und Mark wollen im Jahre 1953 in Urlaub fahren, »Mark holte sofort seinen Atlas, sie fuhren mit den Fingern die Küste entlang und riefen sich Namen zu«[47]. Es sind allein Namen von DDR-Orten. Der ›Finger auf der Landkarte‹, an sich Inbegriff grenzenloser Reiselust, respektiert die westliche Landesgrenze – und meidet auf diesem Wege ein Thema, dessen besondere Qualität für den Rezipienten des Jahres 1976 nicht erläutert werden muß. Auch mit Blick auf die ›ästhetischen Stellungnahmen‹ des politischen Kommentators Jurek Becker: sein Verfahren, mittels fiktionaler Konfigurationen gesellschaftliche Problembereiche auszuleuchten, stellt sich die Frage, inwieweit ›dunkle Flecken‹, Tabuzonen aus den kontrovers geführten Dialogen ausgeklammert blieben. Unverkennbar ist in »Irreführung der Behörden«, bei allen Attacken gegen opportunistisches Verhalten, das bekannte Muster ›kritischer Solidarität‹ Voraussetzung des Gestalteten. Ihm liegt jenes Diktum zugrunde, das Becker vor den versammelten Kollegen 1973 verkündet hat: »Die Kritik, die sozialistische Schriftsteller vorbringen (...), geht von dem Marxschen Gedanken aus, daß wir das, was uns das Wertvollste ist, am häufigsten in Frage stellen sollten.«[48] Kritik findet ihre Grenze dort, wo das System in seinen Grundlagen in Frage gestellt würde; schließlich handelt es sich, wie es noch in »Der Boxer« heißt, um »unseren Sozialismus«[49].

Die Gefahr, sich bewußt oder unbewußt staatlichem Druck zu beugen; die Flucht in einen bequemen Opportunismus; Unterwerfungsbereitschaft bis zur Selbstaufgabe: Dies sind verschiedene Varianten jenes Leitmotivs, das alle Arbeiten Beckers, seien sie nun literarisch oder essayistisch, bestimmt: das Spannungsfeld von (erzwungener) Anpassung und notwendigem Widerstand. Bewegt sich Beckers Denken mit Blick auf die DDR-Verhältnisse um das Stichwort ›Opportunismus‹, so steht im Hinblick auf die nationalsozialistischen Verbrechen an den Juden das weitestgehende Ausbleiben aktiven Widerstands im Vordergrund: »Ever since I have been able to think, I have been preoccupied with the question why (...) the Jewish resistance, the resistance of the victims – was so unbelievably small.«[50] Und als Ausgangspunkt seiner Arbeit an »Bronsteins Kinder« (1986) bestimmt er: »Es hat mich beschäftigt, warum der Zorn der Überlebenden so gering ist.«[51] Dabei spielt der lebensgeschichtliche Hintergrund Jurek Beckers, die Jahre im Ghetto, dann im KZ und die Ermordung nahezu der gesamten Familie, eine besonders akzentuierte Rolle. Denn nach eigenem Bekunden ist es nicht die Tatsache jüdischer Herkunft, ›mein Judentum‹, das die (literarische) Beschäftigung mit den an Juden begangenen Verbrechen motiviert, sondern die damit einhergehende Tatsache, daß »schon so lästig oft über meinen Kopf hinweg entschieden wurde, was und wie ich bin: unter anderem eben Jude«[52]. Fremde Verfügung über die eigene Person, die im Mord an Millionen von Menschen ihre bislang schrecklichste Ausprägung erfahren hat, läßt Becker in der Kontroverse mit Martin Walser über die ›deutsche Frage‹ in einer Weise reagieren, die die existentielle Betroffenheit weder verleugnen kann noch will. Die vielfach polemischen Bemerkungen Beckers (»Stammtischgeblöke«), die Walsers Plädoyer für eine Vereinigung beider deutscher Staaten in die Nähe rechtsextremer Parteien und Parolen zu rücken suchen, münden in ein Bekenntnis, das der Arbeit Jurek Beckers als Schriftsteller wohl zeitlebens die Richtung weist: »Tut mir leid, aber von meiner Familie sind an die zwanzig Personen vergast oder erschlagen oder verhungert worden, irgendwie spielt das für mich noch eine Rolle.«[53]

Das »Nichteinverstandensein mit etwas, das ist«[54], und der daraus resultierende »Widerspruch«[55] des Schriftstellers bedingen den Doppelcharakter politischen Kommentierens in der Arbeit Jurek Beckers: explizite, eingreifende Stellungnahme in aktuellen politischen Debatten und implizite, ›ästhetische Stellungnahme‹ als Prinzip literarischen Schreibens. Zweifellos gibt Becker selbst seinen literarischen Arbeiten den Vorzug. Mehrfach hat er in Interviews die ›größere Intelligenz‹ seiner als gelungen eingeschätzten Werke betont: »Mitunter lese ich auch Texte von mir und habe das Gefühl, daß diese Texte intelligenter sind, als ich es bin. Daß mir bei diesen Texten etwas gelungen ist (...), was ich zum Beispiel nicht fertigbringe, wenn ich so mit Ihnen rede.«[56] Was kann damit gemeint sein? Mit Blick auf »Jakob der Lügner« sei abschließend der Versuch einer Beantwortung dieser Frage unternommen.

Der Roman, zumindest seit 1983 auch in der Sicht Jurek Beckers durchaus als »parable about the role of literature in our society«[57] zu begreifen, behandle in erster Linie das Thema ›Widerstand‹: »not to do what they want you to do. Not to behave in the way Big Brother wants.«[58] Mit seinen ›Lügengeschichten‹ gehe es Jakob um das psychische Überleben, das »mental survival«[59] der Ghettobewohner: Sie sollen, so Jakobs Absicht, »gehobenen Herzens« einhergehen, »denn das Flämmchen der Erwartung soll nicht verlöschen«[60]. Um dieses Ziel zu erreichen, erfindet Jakob seine ›Geschichten‹, nutzt er die Kraft des Wortes als einzige ihm verbleibende Möglichkeit des Widerstands: »Und wenn ich versuche, die allerletzte Möglichkeit zu nutzen, die sie davon abhält, sich gleich hinzulegen und zu krepieren, mit Worten, verstehen Sie, mit Worten versuche ich das! Weil ich nämlich nichts anderes habe!«[61] Auch unter erheblich veränderten gesellschaftlichen Bedingungen geht es dem Schriftsteller Jurek Becker letztlich um nichts anderes. Er will, mit seinen Worten, dazu beitragen, daß die Menschen »anfangen, sich für sich selbst verantwortlich zu halten«[62]. Dazu aber bedarf es einer Haltung, die ohne Hoffnung nicht denkbar ist. Karl Kraus sagte einmal, ein Witz, den die Zensur verstehe, werde zu Recht verboten. Die Zensur hat die Pointe von Beckers erstem Roman, dessen Modellcharakter, nicht durchschaut. Dieser aber ist unabhängig von den politischen Bekundungen seines Verfassers – etwa auf dem Schriftstellerkongreß 1973. Verborgen blieb der Zensur die Subversivität eines Werkes, die gegen jede Form repressiver staatlicher Machtansprüche gerichtet ist. ›Gehobene Herzen‹ gibt es noch immer viel zu wenig. Mit anderen Worten: »Jakob der Lügner« bleibt ein wichtiges Buch – auch im vereinigten Deutschland.

1 Vgl. Jurek Becker: »Über verschiedene Resonanzen auf unsere Literatur« (Rede auf dem VII. Schriftstellerkongreß der DDR 1973.), in: »Neue Deutsche Literatur« 22, 1974, H. 2, S. 55–60. – **2** Vgl. J. Becker: »›Ich glaube, ich war ein guter Genosse‹. Schriftsteller Jurek Becker über die Nach-Biermann-Ära in der DDR«, Interview, in: »Der Spiegel«, Nr. 30/1977, S. 128–133; ders.: »›Ja, wenn Stalin ein großer Mann war ...‹. Schriftsteller Jurek Becker über seine Existenz zwischen Ost und West«, Interview, in: »Der Spiegel«, Nr. 10/1980, S. 205–212. – **3** Vgl. J. Becker: »Mein Judentum«, in: Hans Jürgen Schultz (Hg.): »Mein Judentum«, Stuttgart 1978, S. 8–18. – **4** Vgl. J. Becker: »Über den Kulturverfall in unserer Zeit«, in: »Die Zeit«, 13.5.1983. – **5** Vgl. J. Becker: »Er kommt. Vorschau auf einen Staatsbesuch im September«, in: »Die Zeit«, 24.7.1987. – **6** Vgl. J. Becker: »Gedächtnis verloren – Verstand verloren. Jurek Becker antwortet auf Martin Walser«, in: »Die Zeit«, 18.11.1988; Martin Walser: »Über Deutschland reden«, in: »Die Zeit«, 4.11.1988. (Nachdruck in: M. Walser: »Über Deutschland reden«, Frankfurt/M. 1989, S. 76–100.) – **7** Vgl. J. Becker: »Die Suppe ist eingebrockt«. (Eine »Zeit«-Umfrage zum Thema ›Ist der Sozialismus am Ende?‹), in: »Die Zeit«, 6.10.1989. – **8** Vgl. J. Becker: »Zum Bespitzeln gehören zwei. Über den Umgang mit der DDR-Vergangenheit«, in: »Die Zeit«, 3.8.1990. – **9** Vgl. ebd. – **10** Vgl. J. Becker: »Mein Judentum«, a.a.O., S. 15 ff. – **11** Vgl. Volker Hage/J. Becker: »Hinter dem Rücken des Vaters«, Interview, in: V. Hage (Hg.): »Deutsche Literatur 1986«, Stuttgart 1987, S. 331–342, hier: S. 333. – **12** Vgl. J. Becker: »Warnung vor dem Schriftsteller. Drei Vorlesungen in Frankfurt«, Frankfurt/M. 1990. – **13** Ebd., S. 13. – **14** Ebd., S. 14. – **15** Ebd., S. 53. – **16** Ebd., S. 41. – **17** Ebd., S. 51. – **18** Ebd., S. 32. – **19** Ebd., S. 54. – **20** Ebd., S. 58. – **21** Richard A. Zipser: »Interview with Jurek Becker«, in: »Dimension«, 1978, H. 3, S. 407–416, hier: S. 412. – **22** Vgl. J. Becker: »Warnung vor dem Schriftsteller«, a.a.O., S. 65–90. Es handelt sich um ein Streitgespräch mit einem ›Freund‹ über die Frage, ob Literatur zukünftig jede Bedeutung verliere. – **23** Ebd., S. 90. – **24** Ebd., S. 58 f. – **25** Einen prägnanten Überblick über die Ereignisse jener Zeit bietet der Artikel »Jurek Becker und das Gleichgewicht«, in: »Der Spiegel«, Nr. 10/1980, S. 203–205. – **26** J. Becker: »Ich glaube, ich war ein guter Genosse«, a.a.O., S. 130. – **27** Ebd. – **28** Ebd. – **29** J. Becker: »Über verschiedene Resonanzen«, a.a.O., S. 60. – **30** Peter E. Kalb (Hg.): »Einmischung. Schriftsteller über Schule, Gesellschaft, Literatur«, Interview, Weinheim und Basel 1983, S. 56–66, hier: S. 62. – **31** J. Becker: »Ja, wenn Stalin ein großer Mann war...«, a.a.O., S. 212. – **32** J. Becker: »Über den Kulturverfall«, a.a.O. – **33** J. Becker: »Über verschiedene Resonanzen«, a.a.O., S. 56. – **34** Vgl. ebd. – **35** J. Becker: »Warnung vor dem Schriftsteller«, a.a.O., S. 16. – **36** Ebd., S. 17. – **37** Ebd., S. 39. – **38** Ebd., S. 43. – **39** J. Becker: »Über den Kulturverfall«, a.a.O. – **40** J. Becker: »Zum Bespitzeln gehören zwei«, a.a.O. – **41** Ebd. – **42** Vgl. V. Hage/J. Becker: »Hinter dem Rücken«, a.a.O., S. 340. – **43** Ebd. – **44** J. Becker: »Der Verdächtige«, in: ders.: »Nach der ersten Zukunft«, Frankfurt/M. 1983, S. 259–269, hier: S. 262. – **45** J. Becker: »Warnung vor dem Schriftsteller«, a.a.O., S. 30. – **46** V. Hage/J. Becker: »Hinter dem Rücken«, a.a.O., S. 341. – **47** J. Becker: »Der Boxer«, Frankfurt/M. 1979, S. 254. – **48** J. Becker: »Über verschiedene Resonanzen«, a.a.O., S. 59 f. – **49** J. Becker: »Der Boxer«, a.a.O., S. 251. – **50** J. Becker: »Resistance in ›Jakob der Lügner‹«, in: »Seminar«, 1983, H. 4, S. 269–273, hier: S. 270. – **51** V. Hage/J. Becker: »Hinter dem Rücken«, a.a.O., S. 338. – **52** J. Becker: »Mein Judentum«, a.a.O., S. 14. – **53** J. Becker: »Gedächtnis verloren – Verstand verloren«, a.a.O. – **54** J. Becker: »Warnung vor dem Schriftsteller«, a.a.O., S. 14. – **55** Ebd., S. 13. – **56** Peter E. Kalb (Hg.): »Einmischung«, a.a.O., S. 60; vgl. auch: V. Hage/J. Becker: »Hinter dem Rücken«, a.a.O., S. 333; J. Becker: »Answering Questions about ›Jakob der Lügner‹«, in: »Seminar«, 1983, H. 4, S. 288–292, hier: S. 290. – **57** J. Becker: »Answering Questions«, a.a.O., S. 290. – **58** Ebd., S. 291. – **59** Ebd. – **60** J. Becker: »Jakob der Lügner«, Frankfurt/M. 1982, S. 150. – 61 Ebd., S. 194. – 62 J. Becker: »Über den Kulturverfall«, a.a.O.

Jurek Becker

Die Wiedervereinigung der deutschen Literatur

I

Bei den meisten Gesprächen und Untersuchungen, die sich mit deutscher Literatur beschäftigen, steht seit vielen Jahren eine Frage ganz obenan: Wie viele deutsche Literaturen gibt es?

Solange ich zurückdenken kann, handelt es sich hierbei um ein Lieblingsproblem von Germanisten und Diskutanten, und oft stoßen die Ansichten darüber mit einer für Außenstehende skurril scheinenden Wucht aufeinander. Sehr verschiedene Antworten sind zu hören: Es gibt zwei deutsche Literaturen; es gibt eine deutsche Literatur; es gibt überhaupt keine deutsche Literatur – um nur die häufigsten zu nennen. Die Auseinandersetzung schien mir immer ein wenig seltsam; denn wie will man entscheiden, wie viele Literaturen es gibt, wenn man nicht weiß, was die Kriterien sind, mit deren Hilfe sich eine Literatur bestimmen ließe. Muß diese Literatur in einer Sprache geschrieben sein? Muß sie in einem Staatsgebilde entstehen? Muß sie eine bestimmte Qualität aufweisen? Jeder konnte sich die Unterscheidungsmerkmale holen, woher er wollte, und die meisten Antworten hatten nichts mit literarischen Kategorien oder ästhetischen Überzeugungen zu tun, sondern hingen gewöhnlich vom politischen Standpunkt der jeweiligen Person ab.

In Zukunft wird dieses hervorragende Problem den Kontrahenten abhanden kommen. Nicht daß plötzlich eine wunderbare Einigkeit in die Ansichten zöge; aber je klarer eine Sache ist, um so weniger taugt sie als Gegenstand zum Streiten. Und diese Sache wird klar sein: Es steht die Wiedervereinigung der deutschen Literatur bevor. Damit will ich nicht sagen, daß »zusammenwachsen wird, was zusammengehört«, wie Willy Brandt es vor einiger Zeit im Hinblick auf die zwei deutschen Staaten ausdrückte. Vielmehr meine ich, daß die Verschiedenheit der Bedingungen, unter denen Literatur in Ost- und Westdeutschland in der Vergangenheit geschrieben wurde, aufhört, und zwar nicht allmählich, sondern schnell.

Diese Verschiedenheit war der einzige Grund, warum DDR-Literatur sich von bundesdeutscher unterschied. Worin die nun schwindende Ungleichheit der Schreibbedingungen bestand – damit will ich mich in diesem Vortrag beschäftigen; und auch mit der Frage, ob es ein Gewinn ist, wenn ost- und westdeutsche Literatur einander immer ähnlicher werden.

Ohne Zweifel hat Literatur in der bisherigen DDR eine andere Rolle gespielt als im Westen, eine größere und wichtigere, wie ich meine. Immer wieder waren Bücher imstande, Unruhe zu erzeugen oder in gesellschaftliche Auseinandersetzungen einzugreifen, ja, sie gar erst zu entfachen, auf eine Weise, wie es im Westen schwer vorstellbar ist. Für viele Leute waren Bücher wie ein Lebensmittel; man brauchte sie nicht nur als ein Freizeitvergnügen, sondern um mit seiner Existenz besser fertig zu werden.

Interessanter als diese Feststellung ist die Frage, welchen Umständen die Bücher eine solch beneidenswerte, eine so märchenhafte Wirkung zu verdanken hatten. Wohnte ihnen eine Kraft inne, die den in anderen Teilen der Welt geschriebenen Büchern fehlte? Hat es dem Allmächtigen gefallen, Eigenschaften wie Originalität und Sprachgewalt in einem Anfall von Geberlaune besonders großzügig über die DDR-Autoren auszuschütten, Eigenschaften, mit denen er gewöhnlich so geizt? Oder waren DDR-Leser besonders literaturversessen, einmalig sensibel dazu und deshalb empfänglicher als andere für Reize, wie sie von Büchern ausgehen? Das alles ist natürlich Unsinn.

Eine Spezifik der DDR-Literatur bestand darin, daß sie seit ihren frühen Tagen eine Ersatzfunktion zu übernehmen hatte. In einer Umgebung, in der es keine auch nur annähernd freien Medien gab, in der alle Zeitungen, Rundfunksender und Fernsehstationen denselben Chefredakteur hatten, in der jede von der Parteilinie abweichende Ansicht kleinlich behindert wurde, in einer solchen Umgebung blieben Bücher der letzte öffentliche Ort, an dem noch Meinungsverschiedenheiten ausgetragen wurden. Das machte die Leute begierig auf Bücher, genauer – auf die Bücher der Abweichler. Hinter dem Interesse verbarg sich also keine Affinität zur Literatur, keine Sprachverliebtheit, nicht die Lust, ein ästhetisches Bedürfnis zu stillen; es war das Interesse an den eigenen öffentlichen Angelegenheiten, das auf andere Weise nicht befriedigt werden konnte.

Man wird kaum ein in der DDR geschriebenes Buch finden, dessen Autor nicht versuchte, ein politisches Anliegen zu transportieren oder, wie der Fachausdruck lautet, ›gesellschaftlich relevant‹ zu sein. Andere Schreibanlässe, als Entwicklungen in der DDR-Gesellschaft zu befördern oder zu kritisieren, existierten kaum, und wenn doch, dann galten sie als anrüchig. Zumindest als zweitrangig. Das politische Anliegen stellte die alles überragende Qualität eines Buches dar; kaum ein Autor hätte es sich leisten können, darauf keine Rücksicht zu nehmen. Andere Aspekte des Schreibens wie, sagen wir, Leichtigkeit oder Kunstsinn oder Phantasie hatten ihre Bedeutung vor allem darin, daß sie das Eigentliche zur vollen Geltung bringen sollten, das Anliegen.

Das Verlangen nach einem möglichst kritischen Anliegen war so allgemein und selbstverständlich, daß auch diejenigen Autoren sich ihm unterwerfen mußten, die sich mit der Parteilinie in Übereinstimmung befanden. Die waren nun in keiner beneidenswerten Situation: Auch sie wollten für kritisch gehalten werden, also standen sie vor der Aufgabe, Einwände und Zweifel vorzubringen, die sie in Wirklichkeit nicht hatten. Zu diesem Zweck wurden die sogenannten ›heißen Eisen‹ erfunden, eine Technik der vorgetäuschten Meinungsverschiedenheit. Die Autoren taten so, als hätten sie irgendwelche Bedenken, und der Zensor konnte so tun, als machten ihm Bedenken nichts aus. Ein Meister in diesem Genre war zum Beispiel Hermann Kant, dessen

Bücher ein Beleg dafür sind, daß die erwähnte Methode nicht unbedingt vollkommene Talentlosigkeit voraussetzt.

Die zweite Eigenart der DDR-Literatur ergibt sich aus dem Vorhandensein der Zensur. Ohne Zensur, behaupte ich, wäre sie eine ganz und gar normale deutsche Literatur gewesen, mit möglicherweise leicht erhöhtem Anteil an Verfechtern des Sozialismus. So aber war sie fixiert auf die Zensur, in einem mit den Jahren zunehmenden Maße. Jedes in der DDR geschriebene Buch – wovon immer es handelte und welche Intention ihm immer zugrunde lag – war zugleich eine Reaktion auf die Zensur. Kein Autor konnte sich davor schützen, denn jedes Buch war entweder erlaubt oder verboten, etwas Drittes gab es nicht. Selbst wenn ein Autor etwas schreiben wollte, was die politische Zensur nicht berührte und worum sie sich daher nicht kümmerte, mußte er mit dem Verdacht fertig werden, daß er es nur deshalb tat, um der Zensur aus dem Weg zu gehen. Das ist ja eine der fatalsten Folgen von Zensur: daß alle nicht verbotene Literatur mit dem Geruch existieren muß, erlaubt zu sein.

Allerdings war die Zensur-Situation in der DDR verschieden von der in anderen Ländern Osteuropas. Wenn ein tschechischer Autor etwa oder ein russischer ein Buch schrieb, das nicht die Billigung seiner Zensurbehörde fand, war es mit diesem Buch gewöhnlich vorbei. Wenn er Glück hatte, erschien die Sache als kleine Meldung in irgendeiner westlichen Zeitung oder bei Radio Free Europe, groß geholfen war ihm damit nicht. Wenn er viel Glück hatte, fand sich ein westlicher Verlag, der sein Buch herausbrachte, in winziger Auflage, in schlechter Übersetzung, so gut wie ohne Honorar, fünf Jahre nach dem Verbot. Diese Prozedur konnte ein Autor sich nicht allzu oft leisten, denn zum einen mußte er von etwas leben, zum anderen war er müde von den Repressalien, die die Veröffentlichung im Westen und sein Dissidententum zu Hause nach sich zogen. Also hörte er irgendwann auf, Dissident zu sein, oder er wurde gemäßigter Dissident, oder er stellte den Antrag, in den Westen auszuwandern. Manchmal wurde ihm das genehmigt, dann zog er nach New York, Tel Aviv, Paris oder West-Berlin, in eine ihm fremde Sprache und gewöhnlich in die Vergessenheit. Er wurde Lektor in einem kleinen Verlag, schrieb Artikel für eine Emigrantenzeitung oder heiratete eine Geschäftsfrau. Nach meiner Überzeugung hat die osteuropäische Literatur einen erheblichen Teil ihrer Potenz an den westlichen Einzelhandel verloren.

Die meisten solcher Schicksalsschläge blieben einem DDR-Autor erspart, zumindest war deren Wucht stark gemildert. Ich will nicht behaupten, daß es eine Quelle des Vergnügens gewesen wäre, sich mit dem DDR-Zensor anzulegen, ein solches Unglück wie im übrigen Osteuropa war es aber keineswegs. Für manche Autoren war es sogar Ausgangspunkt ihres Ruhms. Verantwortlich dafür war die Existenz zweier deutscher Staaten, die sich vom Augenblick ihrer Gründung an feindselig gegenüberstanden.

DDR-Literatur hat in der Bundesrepublik immer eine erhebliche Rolle gespielt, doch hat man sie zumeist nicht einfach wie normale Literatur angesehen. Die Erwartung der westdeutschen Öffentlichkeit ähnelte der des DDR-Publikums: Man war auf das Dissidentische scharf. Wenn ein Text in der DDR nicht die Billigung des Zensors fand, verbesserten sich auf dem westdeutschen Markt schlagartig seine Chancen. Mit der Zensurbehörde in Konflikt zu geraten, das war für einen DDR-Autor eine nahezu selbstverständliche Voraussetzung, um am Literaturbetrieb der Bundesrepublik teilzunehmen. Nicht nur die Leser wollten es so, auch die westdeutsche Kritik unterzog die Bücher aus der DDR einer Sonderbehandlung. Man beurteilte diese Bücher nach Kriterien, die vor allem ideologisch ausgerichtet waren und wenig mit den Maßstäben zu tun hatten, mit denen die eigene Literatur begutachtet wurde. Niemals habe ich einen bundesdeutschen Rezensenten über das Buch eines bundesdeutschen Autors sagen hören: Alles gut und schön, doch steht er den Mißständen in seiner Gesellschaft seltsam unkritisch gegenüber. Ein DDR-Autor aber, der sich dieses häufigen Schriftstellervergehens schuldig machte, konnte sich fest auf eine solche Zurechtweisung verlassen.

Wenn DDR-Schriftsteller der Kulturpolitik der Partei genau die Beachtung schenkten, die sie wert war – nämlich keine –, dann war Publizität im Westen für sie von ziemlicher Bedeutung, in mehrfacher Hinsicht. Zum einen gilt die Regel, daß man, um leben zu können, ein gewisses Einkommen braucht, leider auch für Schriftsteller; wer aber so schrieb, daß es der Partei mißfiel, verdiente nichts, buchstäblich keinen Pfennig. Mehr noch, es konnte ihm passieren, daß nicht nur sein abweichlerisches Buch verboten wurde, sondern alle seine früheren gleich mit, auch die zuvor erlaubten. Ein Art Sippenhaft für Bücher. Plötzlich also konnte das Honorar aus dem Westen zur Existenzgrundlage werden, zum einzigen Schutz davor, daß sie deine Festung belagerten und dich so lange aushungerten, bis du die weiße Fahne aus dem Fenster hängen mußtest.

Zum anderen hing die Publizität eines Autors in der DDR wesentlich davon ab, wie er im Westen beachtet wurde. Wie bekannt, konnte an jedem Ort der DDR westdeutsches Radio empfangen werden und an fast jedem Ort das westdeutsche Fernsehen. Für eine Mehrheit der DDR-Bürger war das nicht nur eine wichtige Informationsquelle, sondern wahrscheinlich die einzige. Nun habe ich zuvor dargelegt, daß ein DDR-Autor in diesen westlichen Medien um so stärker beachtet wurde, je mehr die Zensur ihn drangsalierte. Er wurde dann interviewt, freundlich besprochen, zitiert, nicht selten geschah es, daß seine Texte im Radio in Fortsetzungen gelesen wurden. So trat der paradoxe Fall ein, daß das Verbot eines Buches dem Autor oft eine größere Bekanntheit einbrachte, als die normale Veröffentlichung es getan hätte.

Die Sache hatte aber noch einen dritten Aspekt: Die Publizität war nämlich für den Autor ein wichtiger Schutz. Der Zensor zeichnete sich nicht allein dadurch aus, daß er über einen besonders feinen Kunstsinn verfügte, er hatte auch gute Beziehungen zu den Sicherheitsbehörden. Man hat von Fällen gehört, da er nicht nur alle Exemplare eines Buches vom Markt nehmen ließ, sondern den Autor gleich mit. Seine erfolgreichste und daher ständig angewendete Methode war die Einschüchterung. Er hatte es überhaupt nicht gern, verbieten zu müssen, lieber war es ihm, die Produktion verbotener Bücher zu verhindern; viel leichter konnte er dann behaupten, es herrsche im Land ein einziges Einverständnis. Und da kommt so ein Autor daher, fordert ihn heraus, tanzt ihm auf der Nase herum, schreibt bösartige Texte und läßt sich dafür auch noch im Westen belobigen und verdient Geld! Er ist dem Ungehorsam eine ständige Ermutigung, doch was kann man gegen ihn tun? Man kann ihn nicht in Stücke reißen, wie man es am liebsten täte, die sogenannte Öffentlichkeit sieht zu, diese Erfindung des Feindes, andauernd sind sie mit ihren Westmikrophonen und ihren Westkameras dabei und lauern nur darauf, daß man die Beherrschung verliert, das war die verfluchte Ost-West-Situation.

II

Diese Situation ist nun während der letzten Monate in so schnelle Bewegung geraten, daß kaum Zeit ist, auch nur die wichtigsten Veränderungen festzuhalten; man darf den Blick nicht von den laufenden Ereignissen nehmen, denn während man die eine Veränderung notiert, geschehen drei neue. In der DDR bleibt kein Stein auf dem anderen, das betrifft nicht nur die Mauer. Man kann auf einmal sagen, was man will, man kann schreiben, was man will, man kann beschimpfen, wen man will, man kann jedermanns Ablösung, Entlassung oder sogar Bestrafung fordern. Und was niemand für möglich gehalten hätte: es ist nicht aussichtslos.

Zuerst wurde der alte Parteichef entlassen, dann wurde der neue Parteichef entlassen, dann wurde die ganze Parteiführung entlassen, dann änderte die Partei ihren Namen; inzwischen besteht sie nicht mehr auf ihrer Führungsrolle, sondern kämpft ums Überleben. Der Chef der Sicherheitsbehörde wurde entlassen und dann von der neuen Sicherheitsbehörde eingesperrt. Dann wurde die neue Sicherheitsbehörde aufgelöst. Der Chef der Regierung wurde zuerst entlassen und dann eingesperrt. Der Chef der Gewerkschaften wurde entlassen und eingesperrt, ebenso der Chef der obersten Wirtschaftsbehörde. Etwas anders erging es dem Chef der Kulturbehörde – er wurde nur entlassen. Vielleicht drückt sich darin eine unbewußte Mißachtung der Kultur aus. Der Schaden, den er angerichtet hat, läßt sich nicht so leicht wie bei den anderen in Pfennig und Mark ausrechnen, also darf Kurt Hager heute einfach ein alter Mann sein und jeden, der ihm zuhören will, mit der Mitteilung belästigen, daß er die Zeichen der Zeit nicht richtig gedeutet hat.

Es gibt folglich keine Zensur mehr. Schnell hat man ›gottseidank‹ gesagt, aber was bedeutet dieser Umstand für die Literatur der DDR? Was bedeutet er für eine Literatur, die vollkommen auf Zensur fixiert war? Wird sie jetzt aufblühen, nachdem die schrecklichste aller Plagen beseitigt ist? Oder wird sie, um ihre große Herausforderung gebracht, nach und nach ihre Eigenart verlieren und allmählich aufhören zu existieren? Zu berücksichtigen ist, daß die Zensur ja auch eine wichtige Orientierungshilfe gewesen ist, daß sie vielen Autoren als Wegweiser gedient hat: Was erlaubt war, war verdächtig. ... Wie werden sie jetzt ohne diesen Kompaß auskommen? In der Vergangenheit ergaben sich die Reibungen und Spannungen, die der DDR-Literatur ihre Besonderheit verliehen, wie von selbst – plötzlich muß man seine eigenen Intuitionen finden und eigene Richtungen festlegen und eigene Kämpfe sich suchen. Bedeutet das alles nicht eine dramatische Beeinträchtigung der Schriftsteller-Situation? Ist am Ende, wie makaber das auch klingt, Trauer um die Zensur angebracht?

Es ist verständlich, wenn etwa ein Arzt, der sich auf die Behandlung der Beulenpest spezialisiert hat und gut davon lebt, das Verschwinden der Beulenpest mit gemischten Gefühlen betrachtet. Oder stellen wir uns die Empfindungen eines Produzenten von Gummistiefeln vor, wenn das Hochwasser ein für allemal besiegt ist: Was allen anderen nur Grund zur Freude sein kann, bedroht seine Existenz. Die Abschaffung der Zensur wird viele Schriftsteller um ihr Brot bringen, daran gibt es kaum Zweifel. Diejenigen, die der Partei immer nach dem Mund geschrieben haben, die sich abplagten, ihr die Wünsche von den Augen abzulesen, werden ohnehin den Betrieb einstellen müssen, denn die Partei hat nicht mehr Macht genug, um ihnen die Kundschaft zuzutreiben. Aber auch andere, die mit dem Zensor in ewigem Kleinkrieg waren, die sich mit aller Kraft gegen Bevormundung wehrten und denen dieser Kleinkrieg Grundlage ihres Autorenseins war, auch die werden sich nach einer neuen Beschäftigung umsehen müssen. Ich halte es für eine nicht allzu gewagte Prognose, daß DDR-Literatur in ihrer bisherigen Form aufhören wird zu existieren.

Es war davon die Rede, daß in der bisherigen DDR der Literatur eine Ersatzfunktion zukam, daß sie für eine Auseinandersetzung sorgte, die außerhalb der Bücher nicht stattfinden durfte und daß daher das Interesse an ihr ein zumeist politisches war. Diese Art von Interesse muß nun erlahmen. Plötzlich ist die DDR-Wirklichkeit voll von dem Stoff, der in der Vergangenheit nur in Romanen zu finden war. Wenn ich bisher ein Buch deshalb gelesen habe, weil darin von der Willkür der Behörden die Rede war, dann nehme ich heute lieber an einer Protestdemonstration gegen Behördenwillkür teil. Wenn ich bisher ein Buch gelesen habe, das von der Erziehung zur Heuchelei in den Schulen handelte, beteilige ich mich heute an der Schule meiner Kinder an einer Elterninitiative, die die Entlassung heuchlerischer Lehrer fordert. Wenn ich bisher ein Buch gekauft habe, weil ich neugierig war, etwas über das Leben in Paris zu erfahren, so fahre ich heute nach Paris.

All die Veränderungen braucht man aber nicht nur zu prognostizieren – sie lassen sich schon beobachten. Es haben fast über Nacht die Theater einen Gutteil ihrer Zuschauer verloren, das große Theater findet jetzt draußen statt. Gestern noch brach Szenenapplaus bei einer feinen Anspielung aus, bei einer Anzüglichkeit, die so unbestimmt war, daß der Zensor die Streichung nicht für der Mühe wert hielt. Wem soll denn das heute noch genügen?

Vor kurzem ging fast jeder ins Theater, der eine Karte ergattern konnte, heute tun es nur noch die Theaterfreunde. Deren Zahl ist viel geringer, als es vor wenigen Monaten den Anschein hatte. Schnell werden ein paar Stücke ins Repertoire aufgenommen, die gestern verboten waren, aber selbst die haben kaum noch Anziehungskraft. Das früher Verbotene ist keine verlokkende Größe mehr, heute ist es jedenfalls nicht mehr verboten; heute will man keine Meditation darüber hören, was anders gemacht werden sollte, heute will man es anders machen.

Die Verlage haben aufgehört, Filialen des Kulturministers zu sein. Von sofort an bleibt es ihnen selbst überlassen, welche Titel sie verlegen, was für Auflagen sie drucken, wie sie das Geld verdienen, das den Verlag am Leben hält. Auch den Verlagen, die der Partei gehören, geht es nicht anders, denn die Partei ist über Nacht verarmt und kann sich teure Kostgänger nicht mehr leisten. Schnell stellt sich heraus, daß Funktionäre, deren Aufgabe es bisher war, die Anordnungen ›von oben‹ akkurat zu befolgen, nicht unbedingt die besten Verleger sind. Es ist ein Revirement im Gange wie nach Kriegsende.

Die Verlagspläne ändern sich schon jetzt auf sichtbare Weise. Da das bisher Protegierte nahezu automatisch das heute Unverkäufliche geworden ist, verschwindet es aus den Programmen. Doch nicht nur auf die parteifrommen Bücher warten harte Zeiten; es hat eine Entwicklung eingesetzt, so scheint mir, die generell der Literatur ungünstig ist.

Da aber die DDR-Literatur ein besonders behütetes Leben geführt hat, da ihr in der Vergangenheit eine Aufmerksamkeit zuteil geworden ist, die sie sich nicht zu verdienen brauchte, wird ihr nun der größte Schaden zustoßen, den man sich vorstellen kann: sie wird untergehen.

Ich meine damit nicht, daß sie vollständig aufhören wird zu existieren. Es wird sie nur als DDR-Literatur nicht mehr geben. Sie wird sich bescheiden, sie wird in Volumen und Anspruch abnehmen, sie wird sich entpolitisieren müssen. Und entpolitisieren heißt in diesem Zusammenhang nicht nur entstalinisieren, sondern auch ent-antistalinisieren. Sie wird all ihre Eigenarten verlieren, all das, woran sie einmal als ein eigenständiges Etwas zu erkennen war. Sie, die bisherige DDR-Literatur, wird unter neuem Firmennamen weiterbestehen, ganz einfach als deutsche Literatur, und das heißt im Klartext: als westdeutsche. Darin wird sie das Schicksal fast aller DDR-Betriebe teilen. Denn es liegt auf der Hand, daß ein vereintes Deutschland ein westdeutsches Deutschland sein wird, nicht nur im großen und ganzen, sondern auch in den Einzelheiten. Und so bedeutet auch ein Zusammenwachsen der beiden deutschen Literaturbetriebe nichts anderes, als daß die Gesetze des westdeutschen Literaturbetriebs sich über das Ganze ausbreiten.

III

Es muß Zweifel erlaubt sein, ob man dies nur eine erfreuliche Entwicklung nennen kann; denn die Qualität von Regeln und Gesetzen ist ja nicht nur abstrakt zu beurteilen, sondern muß auch an den Resultaten überprüft werden, zu denen diese Regeln und Gesetze geführt haben. Im folgenden will ich mich mit der Frage beschäftigen, was die Merkmale sind, die von DDR-Autoren geschriebene Bücher aufweisen müssen, um sich von den bundesdeutschen nicht zu unterscheiden.

Als erstes meine ich, daß sie an Ernst verlieren werden, und das heißt auch – an Ernsthaftigkeit. Sie dürfen nicht länger voraussetzen, daß sie es mit Lesern zu tun haben, die an gesellschaftlichen Problemen und an deren Erörterung interessiert sind. Sie haben sich darauf einzustellen, daß eine bisher überdimensionierte Aufnahmebereitschaft nun in Ablehnung umschlägt, bestenfalls in Gleichgültigkeit.

Dann: Es ist ein gewaltiger Unterschied, ob Bücher eine der wenigen Attraktionen in einer, was Freizeitmöglichkeiten angeht, deprimierenden Einöde sind, oder ob sie sich in einer Umgebung mit hochentwickelter Vergnügungsindustrie behaupten müssen. Notgedrungen werden sie an Leichtigkeit gewinnen, auch an Leichtfertigkeit; und wie kann man besser der Vergnügungsindustrie standhalten, als selbst ein Teil von ihr zu werden? Den Leser, dessen Neugier schier grenzenlos, dessen Aufmerksamkeit ungeteilt, dessen Interesse unerschöpflich ist – einen solchen Bilderbuchleser gibt es nicht mehr. Plötzlich muß man seine Neugier mit Tricks zu wecken versuchen, muß seine Aufmerksamkeit sich mit tausend anderen teilen, muß um sein Interesse buhlen. Ein unbekanntes Phänomen tritt ins Leben des Autors: Er muß gefallen, er muß ankommen, dies wird für ihn zur Überlebensfrage.

Weiter: In der DDR brauchten die aus dem Buchverkauf erzielten Preise nicht die Kosten zu decken, die zur Herstellung der Bücher notwendig waren. Drucker, Setzer, Verlagsangestellte, Papiermüller und Schriftsteller waren Nutznießer von Subventionen. Bücher waren dem Gesetz von Angebot und Nachfrage entzogen, die meisten anderen Erzeugnisse wohl auch, doch Bücher ganz besonders. Die realsozialistische Gesellschaft leistete sich den Luxus billigster Buchpreise, oder genauer, die Regierung, oder noch genauer: die Partei. Da es sich fast von selbst versteht, daß derjenige, der eine Produktion subventioniert, auch Einfluß auf die Art und Weise der Produktion nimmt, war die Büchersubvention wie eine natürliche Grundlage der Zensur. Jedenfalls waren Bücher anderen Regeln unterworfen als den profanen Gesetzen der Rentabilität, die für die gewöhnlichen Produkte galten. Oft hatten sie das Flair des Aufklärerischen, des Würdigen, des Rechtschaffenen; Bücher zu lesen bedeutete auch, das Besondere in seinen Alltag zu holen. Und plötzlich sind sie eine Ware wie jede andere, welch ein Schock! Ihre Preise müssen kalkuliert werden wie die Preise von Schraubenziehern, und der Sinn der Produktion liegt nicht in irgendeiner Art von Einflußnahme oder Aufklärung, sondern im Umsatz. Folglich muß die Verkäuflichkeit zur alles überragenden Qualität werden, wie bei jeder anderen Ware auch.

Schriftsteller, die zuvor in DDR-Verlagen publiziert haben und es nun in deutschen Verlagen tun wollen, sind da in einer verwirrenden Situation. Es mag Selbsttäuschung gewesen sein, wenn sie bisher glaubten, mit ihren Texten Einfluß auf gesellschaftliche Entwicklungen nehmen zu können; noch absurder aber ist die Hoffnung, daß ihnen dies in Zukunft möglich sein wird, da alles um sie herum Westen wird.

Im Westen neigt man dazu, Schriftsteller mit einem sogenannten Anliegen für Nervensägen zu halten, für Leute, die das Wesen der Literatur, nämlich die Produktion origineller Wortfolgen, nicht recht begriffen haben. Wenn es sich um Anliegen handelt, die gegen die Zustände im sozialistischen Teil der Welt gerichtet sind, bringt man ihnen zur Not noch ein gewisses Wohlwollen entgegen. Auf Autoren aber, die Mißstände in ihrer eigenen, westlichen Umgebung attackieren, wartet Verdruß. Von nichts sind Publikum und Feuilletons so schnell gelangweilt wie von Gesellschaftskritik; die betreffenden Autoren nehmen sich wie Petrefakte aus, wie begriffsstutzige Literatur-Hinterwäldler, die einfach nicht verstehen können, daß Zola, Upton Sinclair oder Gorki diese Arbeit längst erledigt haben.

Für viele Schriftsteller wird es also darauf hinauslaufen, die eine Art von Anpassung (an die Zensurbehörde nämlich) durch eine andere – die Anpassung an den Markt – zu ersetzen. Ich bin weit davon entfernt, die Unterwerfung unter das Gesetz von Angebot und Nachfrage für unwürdiger oder anrüchiger zu halten als die Unterwerfung unter den Zensor. Auf einen Unterschied möchte ich allerdings aufmerksam machen: Der Autor, der früher die Forderungen der Zensur ignorierte, konnte darauf hoffen, im anderen Teil der Welt entschädigt zu werden; die Schwierigkeiten, die er sich im Osten einhandelte, wurden oft durch Anerkennung und Wohlwollen im Westen kompensiert. Der Autor aber, der die Forderungen des Marktes mißachtet, steht ziemlich verloren da; denn der Teil der Welt, wo man ihn für seine Standfestigkeit belohnen könnte, existiert so gut wie nicht mehr.

Ein Aspekt allerdings, der die östlichen Schriftsteller zuversichtlich stimmen müßte, in ihrer neuen Situation nicht unterzugehen, ist der Zustand der bundesdeutschen Literatur. Wie könnte man ihn anders als deprimierend bezeichnen. Die dominierenden Merkmale sind Anbiederung, Gefallsucht, Marktschreierei und Schlichtheit der Gedanken. Die Bücher sind, wenn man von verschwindend wenigen Ausnahmen absieht, einander auf fatale Weise ähnlich geworden, so als wäre Ununterscheidbarkeit eine Bedingung für die Teilnahme am Kampf um die Käufer.

Wenn man sich einen umfassenden Überblick über die bundesdeutsche Literatur der letzten zehn, fünfzehn Jahre verschafft hat, verschwimmen mit einigem Abstand die Bücher leicht zu einem einzigen, großen, schweren Buch, an dessen Einzelheiten man sich kaum mehr erinnert; und es taucht schnell die Frage auf, ob man mit seiner Zeit nicht etwas Sinnvolleres hätte anfangen können. Die Autoren produzieren ihre Texte in einer Umgebung, die an Literatur, wie an allen anderen immateriellen Angelegenheiten auch, vollkommen uninteressiert ist.

Das ständige Kämpfenmüssen um Aufmerksamkeit ermattet die Schriftsteller, und zugleich korrumpiert es sie. Sie arbeiten sozusagen in Feindesland. Jeder weiß, wie schwer es ist, in Beziehung zu jemandem zu treten, der diese Beziehung nicht will. Man weiß, wie es Vertretern geht, die müde von Tür zu Tür ziehen und anklopfen, in ständiger Angst vor Hunden. Wie sie durch Gucklöcher beobachtet werden, wie nur jede zehnte Tür sich öffnet, meist bei vorgehängter Kette. Wie der Vertreter durch den Türspalt zu hören kriegt, daß man nichts braucht und auch keine Zeit hat. Dann muß er munter, freundlich und forsch beweisen, daß es sich lohnt, sein Angebot anzunehmen, er redet gegen das Türenschließen an. Es stehen ihm nur Sekunden zur Verfügung, dann muß die Sache erledigt sein, er hat nicht die Zeit, genau zu sein und von Einzelheiten zu sprechen. Der Tonfall dieser geplagten Menschen ist zunehmend der Tonfall unserer Literatur geworden.

Aus alldem könnte man den Schluß ziehen, daß die Situation, die ostdeutsche Schriftsteller auf dem westdeutschen Buchmarkt vorfinden, eigentlich vielversprechend ist; daß sie gute Chancen hätten, wie die Füchse in den Hühnerstall einzufallen, daß sie leicht als Einäugige unter Blinden Karriere machen könnten. Aber ich hielte eine solche Schlußfolgerung für übereilt.

Der beklagenswerte Zustand der real existierenden bundesdeutschen Literatur hat seine Ursache ja nicht in der Tatenlosigkeit der Autoren. Vielmehr glaube ich, daß dieser Zustand von einer desorientierten und veroberflächlichten Gesellschaft erzwungen ist. Man könnte auch sagen: Die Talentlosigkeit ist erzwungen. Sie, diese Gesellschaft, will nichts über sich erfahren, sie will in Ruhe gelassen werden. Die Wirklichkeit hält genügend Beunruhigung bereit, da sollen einem nicht auch noch die Bücher das Leben schwermachen. Verdrängung gilt als einzig wirksame Methode, den Problemen von Gegenwart und Zukunft zu begegnen; im Umgang mit der Vergangenheit hat sie sich ja schon einmal glänzend bewährt.

Die DDR-Autoren werden sich schnell darauf einstellen müssen, und die Wahrscheinlichkeit spricht dafür, daß ihnen das auch gelingt. Sie brauchen sich nur an ihren ehemaligen Lesern ein Beispiel zu nehmen, an den Bürgern der DDR, die diese Lektion innerhalb weniger Tage gelernt haben.

Ich weiß, daß sich an vielen Orten der Welt, angesichts der Entwicklung in Deutschland, Unbehagen ausbreitet. Wie wird sich das vereinigte Deutschland gegenüber seinen Nachbarn verhalten, ist seine Aggressivität ein für allemal erloschen, ist es für immer immun gegen Auswüchse des Nationalismus, vor denen die halbe Welt einmal zittern mußte? Überall in Europa werden die möglichen Folgen der deutschen Einheit diskutiert, nicht nur mit freudiger Erwartung, woran die etwas schwach ausgeprägte Sensibilität eines bestimmten deutschen Politikers ihren Anteil hat. Vielleicht ist es ein versöhnliches Ende dieses Vortrags, wenn ich sage: Vor einer Wiedervereinigung der beiden deutschen Literaturen braucht sich die Welt gewiß nicht zu fürchten.

Nicolai Riedel

Jurek Becker. Auswahlbibliographie zu Werk und Wirkung 1969–1992

Germanisten und Rezensenten interessieren sich zunehmend für das Oeuvre Jurek Beckers, und die Literatur über den Autor und seine literarischen Arbeiten ist im deutschsprachigen Bereich wie im europäischen Ausland fast unüberschaubar geworden. Die vorliegende Auswahlbibliographie stellt einen Ariadnefaden durch die weitläufige Forschungs- und Wirkungsgeschichte dar; Vollständigkeit wird dabei nicht angestrebt. Buchausgaben der Werke, wichtige Beiträge aus Zeitungen, Zeitschriften und Anthologien sowie Interviews bilden den ersten Teil. Das chronologische Prinzip bestimmt auch die Darbietung der Sekundärliteratur. Interpretationen und Analysen mit wissenschaftlichem Anspruch werden in einem eigenen Kapitel verzeichnet. Bei den Rezensionen zu den einzelnen Werken beschränkt sich die Auswahl auf deutschsprachige Titel, und zwar auf solche, die über ein reines Inhaltsreferat hinausgehen. Textgleiche Besprechungen, die unter wechselnden Überschriften in verschiedenen Zeitungen gedruckt wurden, sind nur einmal nachgewiesen. Die Angaben von Seitenzahlen und die Hinweise auf Beilagen sollen ein rasches Auffinden der Zeitungsbeiträge – besonders auf Mikrorollfilmen und Mikroplanfiches – ermöglichen. Die römischen Zahlen beziehen sich stets auf die Beilagen.

1. Primärliteratur

1.1. Buchausgaben

Jakob der Lügner. Roman. Berlin, Weimar (Aufbau) 1969. – Weitere Ausgaben: Neuwied, Berlin (Luchterhand) 1970. (= Sammlung Luchterhand 1). Frankfurt/M. (Suhrkamp) 1976. (= Bibliothek Suhrkamp 510). Rostock (Hinstorff) 1976. Frankfurt/M. (Suhrkamp) 1982. (= suhrkamp taschenbuch 774). Leipzig (Reclam) 1988. (= Reclams Universal-Bibliothek 1218). Stuttgart (Deutscher Bücherbund) 1991. (= Bibliothek des 20. Jahrhunderts).

Irreführung der Behörden. Roman. Rostock (Hinstorff) 1973. – Weitere Ausgaben: Frankfurt/M. (Suhrkamp) 1973. Frankfurt/M. (Suhrkamp) 1975. (= suhrkamp taschenbuch 271). Berlin/DDR (Volk und Welt) 1989. (= Romanzeitung 470).

Der Boxer. Roman. Rostock (Hinstorff) 1976. – Weitere Ausgaben: Frankfurt/M. (Suhrkamp) 1976. Berlin/DDR (Volk und Welt) 1978. (= Romanzeitung 337). Frankfurt/M. (Suhrkamp) 1979. (= suhrkamp taschenbuch 526). Frankfurt/M. (Suhrkamp) 1990. (= Bibliothek Suhrkamp 1045).

Schlaflose Tage. Roman. Frankfurt/M. (Suhrkamp) 1978. Taschenbuchausgabe: Frankfurt/M. (Suhrkamp) 1980. (= suhrkamp taschenbuch 626).

Nach der ersten Zukunft. Erzählungen. Frankfurt/M. (Suhrkamp) 1980. – Taschenbuchausgabe: Frankfurt/M. (Suhrkamp) 1983 (= suhrkamp taschenbuch 941).

Aller Welt Freund. Roman. Frankfurt/M. (Suhrkamp) 1982. – Weitere Ausgaben: Rostock (Hinstorff) 1983. Frankfurt/M. (Suhrkamp) 1985. (= suhrkamp taschenbuch 1151).

Bronsteins Kinder. Roman. Frankfurt/M. (Suhrkamp) 1986. – Weitere Ausgaben: Rostock (Hinstorff) 1987. Frankfurt/M.

(Suhrkamp) 1988. (= suhrkamp taschenbuch 1517). Leipzig (Reclam) 1990. (= Reclams Universal-Bibliothek 1373).

Erzählungen. Rostock (Hinstorff) 1986.

Warnung vor dem Schriftsteller. Drei Vorlesungen in Frankfurt. Frankfurt/M. (Suhrkamp) 1990 (= edition suhrkamp 1601).

Die beliebteste Familiengeschichte und andere Erzählungen. Frankfurt/M. (Insel) 1992. (= insel taschenbuch 2333).

Amanda herzlos. Roman. Frankfurt/M. (Suhrkamp) 1992.

1.2. Beiträge in Anthologien, Zeitschriften, Zeitungen

Nichtigkeiten. Über Heinz Kahlau. In: Liebes- und andere Erklärungen. Schriftsteller über Schriftsteller. Hg. v. Annie Voigtländer. Berlin, Weimar (Aufbau) 1972. S. 161–166.

Über verschiedene Resonanzen auf unsere Literatur. (Diskussionsbeitrag auf dem 7. Schriftstellerkongreß der DDR). In: Neue Deutsche Literatur. 22. Jg., 1974. H. 2. S. 55–60.

Heilsame Überforderung. Ein Bekenntnis zu Thomas Mann. In: Stuttgarter Zeitung, Nr. 122, 31.5.1975, S. 51.

Das ist ja der Poeten Amt. (Zu Hans Joachim Schädlichs Prosa »Versuchte Nähe«). In: Der Spiegel, Nr. 43, 17.10.1977, S. 254–257.

Die Zähne. Eine heitere und nachdenkliche Geschichte aus dem Kulturleben der DDR. In: Frankfurter Allgemeine Zeitung, Nr. 294, 19.12.1977, S. 19.

Wäre ich hinterher klüger? Mein Judentum. In: Frankfurter Allgemeine Zeitung, Nr. 98, 13.5.1978, »Bilder und Zeiten«, S. IV.

Ohio bei Nacht. In: ZEITmagazin. Nr. 50, 8.12.1978, S. 58–60.

Strauß. In: L '80. Demokratie und Sozialismus. 1980. H. 13. S. 80–84.

Betroffen sein aus Liebe. Max Frisch zu seinem 70. Geburtstag. In: Der Tagesspiegel, Berlin, Nr. 10834, 15.5.1981, S. 4.

Der Ewige Jude gibt keine Ruhe (Zu Stefan Heyms Roman: »Ahasver«). In: Der Spiegel, Nr. 45, 2.11.1981, S. 240–246.

Ansprache vor dem Kongreß der unbedingt Zukunftsfrohen. In: Tintenfisch 20. Jahrbuch für Literatur. Hg. v. Michael Krüger und Klaus Wagenbach. Berlin (Wagenbach) 1981. S. 72–77. (= Quartheft 114).

Ein System von Alarmglocken. Rede vor dem niederländischen PEN-Club. In: Mut zur Angst. Schriftsteller für den Frieden. Hg. v. Ingrid Krüger. Darmstadt, Neuwied (Luchterhand) 1982. S. 96–106. (= Sammlung Luchterhand 415).

Über den Kulturverfall in unserer Zeit. (Rede bei den Frankfurter »Römerberg«-Gesprächen 1983). In: Die Zeit, Nr. 20, 13.5.1983, S. 42.

Resistance in »Jakob der Lügner«. – Answering Questions about »Jakob der Lügner«. In: Seminar. 19. Jg., 1983. H. 4. S. 269–273 und S. 288–292.

Nachmittags, mit leisem Bemüh'n. (Zu Pablo Picasso). In: ZEITmagazin, Nr. 46, 6.11.1987, S. 9.

Eine Art von Selbstverstümmelung. Über das Autoritätsgehabe der SED-Führung. In: Der Spiegel, Nr. 6, 8.2.1988, S. 25.

Gedächtnis verloren – Verstand verloren. (Antwort auf Martin Walsers Essay »Über Deutschland reden«). In: Die Zeit, Nr. 47, 18.11.1988, S. 61.

Zum Bespitzeln gehören zwei. Über den Umgang mit der DDR-Vergangenheit. In: Die Zeit, Nr. 32, 3.8.1990, S. 35–36.

Die Wiedervereinigung der deutschen Literatur. In: The German Quarterly. 63. Jg., 1990. H. 3/4. S. 359–366.

1.3. Interviews

Eberlein, Sybille: Ein Filmmann, der Romane schreibt. In: Wochenpost, Berlin/DDR, Nr. 18, 27.4.1973, S. 15.

Beckelmann, Jürgen: Ich nehme einen ausländischen Literaturpreis an. In: Frankfurter Rundschau, Nr. 21, 25.1.1974, S. 7.

Corino, Karl: Deprimieren ist für mich kein Schreibmotiv. In: Deutsche Zeitung, Nr. 11, 15.3.1974, S. 13.

Wambutt, Marianne / Novotny, Ehrentraud: Ich habe die Absicht... In: Berliner Zeitung, Nr. 76, 17.3.1974, S. 10.

Lübbe, Peter: Literatur contra Opportunismus. In: Deutschland Archiv. 1974. H. 5. S. 520–527.

»Über die Historie hinaus«. BZ-Gespräch zum Fernseh- und Kinofilm »Jakob der Lügner«. In: Berliner Zeitung, Nr. 351, 20.12.1974, S. 11.

Voigt, Jutta: Lust auf Leben. »Jakob der Lügner« eröffnet den Monat des antiimperialistischen Films. In: Sonntag, Berlin/ DDR, Nr. 16, 20.4.1975, S. 3.

Stapel, Eduard: Schreiben als Abenteuer. In: Freie Erde, Neubrandenburg/DDR, Nr. 109, 7.5.1976, »Prisma«, S. III.

Schlumberger, Hella: Die Linken sind leiser geworden. In: Frankfurter Rundschau, Nr. 264, 23.11.1976, S. 13.

Rumler, Fritz / Schwarz, Ulrich: »Ich glaube, ich war ein guter Genosse«. Über die Nach-Biermann-Ära in der DDR. In: Der Spiegel, Nr. 30, 18.7.1977, S. 128–133.

Schütte, Wolfram: Die Bevölkerung muß

endlich so behandelt werden wie die Künstler. In: Frankfurter Rundschau, Nr. 206, 6.9.1977, S. 7.

Isani, Claudio: Übereinstimmung ums Verrecken? In: Der Abend, Berlin, Nr. 37, 13.2.1978, [S. 16].

Zipser, Richard A.: Interview with Jurek Becker (Oberlin, Mai 1978). In: Dimension. 11. Jg., 1978. H. 3. S. 407–416.

Hübsch, Reinhard: Politisches Verhalten gehört zu meinem Stoffwechsel. In: Stuttgarter Nachrichten, Nr. 12, 15.1.1980, S. 17.

Schwarz, Ulrich / Becker, Rolf: »Ja, wenn Stalin ein großer Mann war...« Schriftsteller Jurek Becker über seine Existenz zwischen Ost und West. In: Der Spiegel, Nr. 10, 3.3.1980, S. 205–212.

Schiffner, Andrea: Politisches Verhalten ist optimistisches Verhalten. In: Deutsche Post, Frankfurt/M., Nr. 6, 20.3.1983, S. 18–19.

Kalb, Peter E. / Geisler, Wolfgang: »Ich will Ihnen dazu eine kleine Geschichte erzählen«. In: Einmischung. Schriftsteller über Schule, Gesellschaft, Literatur. Hg. v. Peter E. Kalb. Weinheim, Basel (Beltz) 1983. S. 56–66.

Hage, Volker: Hinter dem Rücken des Vaters. In: Deutsche Literatur 1986. Jahresüberblick. Hg. v. Volker Hage. Stuttgart (Reclam) 1987. S. 331–342. (= Reclams Universal-Bibliothek 8403).

Stöhr, Ingo Roland: »Die wahre Aufregung...« In: Dimension. 17. Jg., 1988. H. 1. S. 8–29.

Bodenheimer, Alfred: »Die Republikaner sind ja nicht vom Himmel gefallen«. Gespräch über politische Tendenzen in Deutschland. In: Allgemeine Jüdische Wochenzeitung, Nr. 44, 15.9.1989, S. 7.

Mehr, Max Thomas: Eine nicht ganz vollzogene Scheidung. Gespräch über die DDR, die Partei, die Flucht und die Schwierigkeiten der Opposition. In: die tageszeitung, Nr. 2919, 25.9.1989, S. 11–12.

Schwarz, Wilhelm: Jurek Becker. (Interview, 17.8.1977). In: ders.: Protokolle. Gespräche mit Schriftstellern. Frankfurt/M., Bern, New York, Paris (Lang) 1990. S. 113–130.

2. Sekundärliteratur

2.1. Allgemeine Darstellungen

Poche, Klaus: Begegnung mit Jurek Becker. In: Sonntag. Kulturpolitische Wochenzeitung, Berlin /DDR, Nr. 20, 16.5.1971, S. 12.

Kahlau, Heinz: Verteidigung eines Vaters. Über Jurek Becker. In: Liebes- und andere Erklärungen. Schriftsteller über Schriftsteller. Hg. v. Annie Voigtländer. Berlin, Weimar (Aufbau) 1972. S. 17–22.

Grubbe, Peter: Bekenntnisse eines gelernten Deutschen. In: Stern. Nr. 45. 29.10.1976. S. 167–168 und S. 172.

Zipser, Richard A.: Jurek Becker. A Writer with a Cause. In: Dimension. 11. Jg. 1978. H. 3. S. 402–406.

Noll, Wulf: Jurek Becker als Gastprofessor in Essen. In: Litfass. 1979/80. H. 13. S. 104–107.

Fink, Adolf: Scheherezades jüngerer Brüder. Ein Versuch, den neuen Stadtschreiber von Bergen-Enkheim, Jurek Becker, zu porträtieren. In: Frankfurter Allgemeine Zeitung, Stadt-Ausgabe, Nr. 202, 2.9.1982, S. 27.

Schwarzenau, Dieter: Heimisch bin ich nur am Schreibtisch. In: Rheinischer Merkur/Christ und Welt, Nr. 13, 1.4.1983, S. 28.

Rothmann, Kurt: Jurek Becker. In: ders.: Deutschsprachige Schriftsteller seit 1945 in Einzeldarstellungen. Stuttgart (Reclam) 1985. S. 36–39. (= Reclams Universal-Bibliothek 8252).

Schmitt, Uwe: Vom Schreiben wie man's spricht. Der ungeahnte Erfolg des Fensehautors Jurek Becker. In: Frankfurter Allgemeine Zeitung, Nr. 80, 4.4.1987, »Bilder und Zeiten«, S. IV.

Matuschek-Labitzke, Birgit: Nach dem Roman ein Drehbuch zur Erfrischung. Der Erfolg von »Liebling Kreuzberg« wird fortgesetzt. In: Süddeutsche Zeitung, Nr. 146, 30.6.1987, S. 19.

Schönfeld, Gerda-Marie: Der Liebling von Kreuzberg. In: Brigitte, Nr. 9, 20.4.1988, S. 118–124.

Rosenkranz, Stefanie: Westreise ohne Kopfschmerzen. In: Stern, Nr. 19, 5.5.1988, »tv magazin«, S. 4–9.

Demetz, Peter: Über Auschwitz und das Schreiben in deutscher Sprache: Jurek Becker. In: ders.: Fette Jahre, magere Jahre. Deutschsprachige Literatur von 1965 bis 1985. München, Zürich (Piper) 1988. S. 58–63.

Hage, Volker: Wie ich ein Deutscher wurde. Jurek Becker. In: ders.: Alles erfunden. Porträts deutscher und amerikanischer Autoren. Reinbek (Rowohlt) 1988. S. 36–54.

Krauss, Hannes: Jurek Becker. Ein jüdischer Autor? In: Jüdische Intelligenz in Deutschland. Hg. v. Jost Hermand und Gert Mattenklott. Hamburg (Argument) 1988. S. 139–146.

Lüdke-Haertel, Sigrid / Lüdke, Martin W.: Jurek Becker. In: Kritisches Lexikon zur deutschsprachigen Gegenwartsliteratur. Hg.

v. Heinz Ludwig Arnold. München (edition text + kritik) 1988. 29. Nlg. S. 1–12.

Naschitz, Fritz: Jurek Becker, der jüdische Geschichtenschreiber. In: ders.: Literarische Essays. Bekenntnisse und Rezensionen. Gerlingen (Bleicher) 1989. S. 266–268.

Hage, Volker: Die Wahrheit über Jakob Heym. Über Meinungen, Lügen und das schwierige Geschäft des Erzählens – eine Lobrede auf den Schriftsteller Jurek Bekker. In: Die Zeit, Nr. 12, 15.3.1991, S. 73.

Graf, Karin / Konietzny, Ulrich (Hg.): Jurek Becker. München (Iudicium) 1991. (Mit Beiträgen von Annegret Mannion, Bertold Fuchs, Michael E. Geisler, Keith Bullivant und einem Werkstattgespräch mit dem Autor vom 25.5.1990).

2.2. Untersuchungen zum Werk: Interpretationen, Analysen

Pegoraro, Anna: Jurek Becker: »Irreführung der Behörden«. In: Annali. Studi Tedeschi. Napoli. 1975. H. 2. S. 133–137.

Krüger, Brigitte: Zum Zusammenhang von künstlerisch-ästhetischer Wertung und ethisch-moralischer Wirkungspotenzen im literarischen Kunstwerk als Rezeptionsvorgabe, untersucht an Jurek Beckers »Jakob der Lügner«. Potsdam (Pädagogische Hochschule »Karl Liebknecht«) 1977. Phil. Diss.

Staadt, Jochen: Zur Situation der Schriftsteller in der DDR. Anpassen und Angepaßtwerden in Jurek Beckers Roman »Irreführung der Behörden«. In: ders.: Konfliktbewußtsein und sozialistischer Anspruch in der DDR-Literatur. Berlin (Spiess) 1977. S. 291–297.

White, I.A. / White, J.J.: Wahrheit und Lüge in Jurek Beckers Roman »Jakob der Lügner«. In: Zur Literatur und Literaturwissenschaft der DDR. Hg. v. Gerd Labroisse. Amsterdam (Rodopi) 1978. S. 207–231. (= Amsterdamer Beiträge zur neueren Germanistik 7).

Kaunzner, Hartwig: Jurek Beckers Roman »Schlaflose Tage« – ein zeitkritisches Dokument. In: Deutsche Ostkunde. 1979. H. 3. S. 56–60.

Dorman, Michael: Deceit and Self-Deception. An Introduction to the Works of Jurek Becker. In: Modern Languages. 1980. H. 1. S. 28–37.

Manger, Philip: Jurek Becker, »Irreführung der Behörden«. In: Seminar. 1981. H. 2. S. 147–163.

Ribbat, Ernst: Subjektivität als Instrument. Zu Jurek Becker und Nicolas Born. In: Lyrik – von allen Seiten. Gedichte und Aufsätze des ersten Lyrikertreffens in Münster. Hg. v. Lothar Jordan u.a. Frankfurt/M. (Fischer) 1981. S. 485–501.

Rossade, Werner: Zwischen Anpassung und Widerstand. Irreführung der Behörden? In: ders.: Literatur im Systemwandel. Frankfurt/M., Bern (Lang) 1982. Bd. 2. S. 477–523. (= Europäische Hochschulschriften I/580).

Baum, Gregory: »Jakob der Lügner« in Christian Perspective. In: Seminar. 1983. H. 4. S. 285–288.

Lesley, Arthur M.: Jacob as Liar in Jurek Becker's »Jakob der Lügner«. In: Seminar. 1983. H. 4. S. 273–279.

Nägele, Rainer: Discourses about Absent Trees. Fiction, Lie, and Reality in Jurek Becker's »Jakob der Lügner«. In: Seminar. 1983. H. 4. S. 280–284.

Wetzel, Heinz: Four Questions about Jurek Becker's »Jakob der Lügner«. An Introduction. In: Seminar. 1983. H. 4. S. 265–269.

Lukens, Nancy: Schelm im Ghetto. Jurek Beckers Roman »Jakob der Lügner«. In: Amsterdamer Beiträge zur neueren Germanistik. 1985/86. H. 20. S. 199–218.

Müller, Heidy M.: Wertsetzung als Implikation der Erzählhaltung. Bemerkungen zur Judendarstellung in Jurek Beckers Romanen. In: Philosophica, Ghent. 1986. H. 2. S. 61–76.

Mugnolo, Domenico: Die unbewältigte Geschichte Jakobs. Zu Jurek Beckers »Jakob der Lügner«. In: Connaissance de la RDA. 1986. H. 22. S. 91–108.

Shoham, Chaim: Jurek Becker ringt mit seinem Judentum. »Der Boxer« und Assimilation nach Auschwitz. In: Kontroversen, alte und neue. Akten des VII. Internationalen Germanisten-Kongresses, Göttingen 1985. Hg. v. Albrecht Schöne. Bd. 5. Tübingen (Niemeyer) 1986. S. 222–236.

Wetzel, Heinz: »Unvergleichlich gelungen« aber »einfach zu schön«? Zur ethischen und ästhetischen Motivation des Erzählens in Jurek Beckers Roman »Jakob der Lügner«. In: Kontroversen, alte und neue. Akten des VII. Internationalen Germanisten-Kongresses, Göttingen 1985. Hg. v. Albrecht Schöne. Bd. 8. Tübingen (Niemeyer) 1986. S.107–114.

Wetzel, Heinz: Fiktive und authentische Nachrichten in Jurek Beckers Romanen »Jakob der Lügner« und »Aller Welt Freund«. In: Im Dialog mit der Moderne. Zur deutschsprachigen Literatur von der Gründerzeit bis zur Gegenwart. Hg. v. Roland Jost und Hansgeorg Schmidt-Bergmann. Frankfurt/M. (Athenäum) 1986. S. 439–451.

Gölz, Sabine: Where did the Wife go? Jurek Becker's »Parkverbot«. In: The Germanic Review. 1987. H. 1. S. 10–19.

Brown, Russel E.: Radios and Trees: A Note to Jurek Becker's Ghetto Fiction. In: Germanic Notes. 1988. H. 1. S. 22–24.

Wetzel, Heinz: Holocaust und Literatur. Die Perspektive Jurek Beckers. In: Colloquia Germanica. 1988. H. 1. S. 70–76.

Gilman, Sander: Jüdische Literaten und deutsche Literatur. Antisemitismus und die verborgene Sprache der Juden am Beispiel von Jurek Becker und Edgar Hilsenrath. In: Zeitschrift für deutsche Philologie. 1988. H. 2. S. 269–294.

Klatt, Gudrun: Vom Alp, der auf den Gehirnen der Lebenden lastet. Jurek Beckers Roman »Bronsteins Kinder«. In: DDR-Literatur '87 im Gespräch. Hg. v. Siegfried Rönisch. Berlin, Weimar (Aufbau) 1988. S. 176–183.

Johnson, Susan: The Works of Jurek Becker. A Thematic Analysis. Bern, New York (Lang) 1988. (= East German Studies 3).

Zimmermann, Werner: Jurek Becker: »Jakob der Lügner«. In: ders.: Deutsche Prosadichtungen des 20. Jahrhunderts. Bd. 3. Düsseldorf (Schwann) 1988. S. 10–39.

Schlosser, Horst Dieter: Der irre »Mittelpunkt der Welt«. Zu Jurek Beckers Roman »Bronsteins Kinder«. In: Wirkendes Wort. 1989. H. 2. S. 261–269.

Brown, Russel E.: Jurek Becker's Holocaust Fiction. A Father and Son Survive. In: Critique, New York. 1989. H. 3. S. 193–209.

Paschek, Carl (Hg.): Jurek Becker. Begleitheft zur Ausstellung der Stadt- und Universitätsbibliothek Frankfurt am Main (24. Mai bis 30. Juni 1989). Frankfurt/M. 1989.

Prévost, Claude: Die Wahrheit der Lüge und die Lüge der Wahrheit. Jurek Beckers Roman »Jakob der Lügner«. In: Passagen. DDR-Literatur aus französischer Sicht. Hg. v. Gudrun Klatt. Halle (Mitteldeutscher Verlag) 1989. S. 102–108.

Wieczorek, John P.: »Irreführung durch Erzählperspektive?« The East German Novels of Jurek Becker. In: Modern Language Review. 1990. H. 3. S. 640–652.

Chiarloni, Anna: Von der Schuld, noch am Leben zu sein. Einige Bemerkungen zum Roman »Der Boxer« von Jurek Becker. In: Zeitschrift für Germanistik. 1990. H. 6. S. 686–690.

Kerekes, Gábor: »Warnung vor dem Schriftsteller«. Jurek Beckers Vorlesungen zur Poetik im Sommersemester 1989. In: Germanistisches Jahrbuch DDR-RU. Budapest. Bd. 9. 1990. S. 366–372.

Simpson, Patricia Anne: The Production of Meaning on Jurek Becker's »Schlaflose Tage«. In: Seminar. 1991. H. 2. S. 153–168.

Hanenberg, Peter: Erinnern und Erzählen. Jurek Beckers »Beliebteste Familiengeschichte«. In: Ortwin Beisbart / Ulf Abraham (Hg.): Einige werden bleiben – und mit ihnen das Vermächtnis. Der Beitrag jüdischer Schriftsteller zur deutschsprachigen Literatur des 20. Jahrhunderts. Bamberg (Bayerische Verlagsanstalt) 1992. S. 142–147.

Heidelberger-Leonard, Irene (Hg.): Jurek Becker. Frankfurt/M. (Suhrkamp) 1993. (= suhrkamp taschenbuch materialien 2216). (Mit Beiträgen von Manfred Karnick, Volker Wehdeking, Hans Georg Werner, Irene Heidelberger-Leonard, Mireille Tabah, Elke Kasper, Jürgen Egyptien, Hannes Krauss, Manfred Durzak, Andrea Stoll, Frauke Meyer-Gosau. Bibliographie von Nicolai Riedel).

2.3. Rezensionen zu einzelnen Werken

2.3.1. Zu »Jakob der Lügner« (Buch und Film)

Neubert, Werner: Wahrheitserpichter Lügner«. In: Neues Deutschland, Nr. 132, 14.5.1969, »ND-Literatur«, S. IV.

Eichler, Wilfriede: Der Lügner, der Leben bewahren hilft. In: National-Zeitung, Berlin/DDR, Nr. 126, 1.6.1969, S. 7.

Pawel, Sybille: Heldentum im Ghettoalltag. In: Berliner Zeitung, Nr. 168, 20.6.1969, S. 6.

Weißhuhn, Herbert: Erfundene Wahrheit aus Humanität. In: Thüringer Tageblatt, Weimar, Nr. 160, 10.7.1969, S. 5.

Trampe, Wolfgang: Die lebenswichtige Wahrheit. In: Sonntag. Kulturpolitische Wochenzeitung, Berlin/DDR, Nr. 28, 13.7. 1969, S. 14.

Buder, Horst: Vom Lügen der Wahrheit. In: Der Morgen, Berlin/DDR, Nr. 185, 9.8. 1969, S. 6.

Joho, Wolfgang: Lüge aus Barmherzigkeit. In: Neue Deutsche Literatur. 1969. H. 12. S. 151–153.

Raddatz, Fritz J.: Wie DDR-Autoren resignieren. In: Süddeutsche Zeitung, Nr. 147, 20./ 21.6.1970, S. 107.

Herburger, Günter: Ein Radio im Ghetto. In: Der Spiegel, Nr. 40, 28.9.1970, S. 209.

Reich-Ranicki, Marcel: Das Prinzip Radio. In: Die Zeit, Nr. 47, 20.11.1970, S. 36. Wiederabdruck in: ders.: Entgegnung. Zur deutschen Literatur der siebziger Jahre. Stuttgart (Deutsche Verlags-Anstalt) 1979. S. 289–293.

Schreiber, Mathias: Ein Lügenheld aus Feigheit. In: Kölner Stadt-Anzeiger, Nr. 279, 1.12.1970, »Buchbeilage«, S. II.
Beckelmann, Jürgen: Jakob, der einsame Held. In: Frankfurter Rundschau, Nr. 43, 20.2.1971, »Zeit und Bild«, S. VI.
Fix, Ulla: Ein ängstlicher Held. In: ich schreibe, Leipzig. 1971. H. 2. S. 45–46.
Pulver, Elsbeth: Kein Tag aus Lethes Fluten. In: Schweizer Monatshefte. 1971. H. 3. S. 201–214.
Wallmann, Jürgen P.: Lügner aus Menschlichkeit. In: Der Tagesspiegel, Berlin, Nr. 7747, 7.3.1971, S. 55.
Michaelis, Rolf: Der andere Hiob. In: Frankfurter Allgemeine Zeitung, Nr. 75, 30.3. 1971, »Literaturblatt«, S. II.
Guldan, Margarete: Die unglaubliche Wahrheit. In: Die Stimme, Frankfurt/M., Nr. 10, 15.5.1971, S. 157–158.
Werth, Wolfgang: Das imaginäre Radio. In: Der Monat. 1971. H. 268. S. 92–94.
Hofmann, Hans: »Trost durch Lügen«. In: Die Zeichen der Zeit, Berlin/DDR. 1972. H. 6. S. 238.
Bussmann, Rudolf: Die Ohnmacht der Betroffenen. In: Drehpunkt. 1972. H. 16. S. 39–41.
Frölich, Ursula: Ein gewisser Jakob Heym. In: Wochenpost, Berlin/DDR, Nr. 51, 13.12. 1974, S. 7. (Zum Film).
Beyer, Frank: Traum vom besseren Leben. In: Neues Deutschland, Nr. 348, 17.12.1974, S. 4. (Zum Film).
Haedler, Manfred: Stiller Film der Menschlichkeit. In: Der Morgen, Berlin/DDR, Nr. 305, 24.12.1974, S. 4. (Zum Film).
Herrmann, Gisela: Der Traum vom besseren Leben. In: Berliner Zeitung, Nr. 355, 24.12.1974, S. 6. (Zum Film).
Schüler, Klaus: Unzerstörbar die Würde des Menschen. In: Neues Deutschland, Nr. 355, 24./25.12.1974, S. 4. (Zum Film).
Lubowski, Bernd: Jurek Becker: ›Romanfiguren spielen ihrem Autor manchmal einen Streich‹. In: Berliner Morgenpost, Nr. 160, 13.7.1975, S. 10. (Zu Buch und Film).
Klunker, Heinz: Unsere tägliche Lüge gib uns heute. In: Deutsches Allgemeines Sonntagsblatt, Nr. 29, 20.7.1975, S. 19. (Zum Film).
Grosse, Wolf D.: Wie auch im Ghetto die Hoffnung weiterlebt. In: Badische Zeitung, Freiburg/Br., Nr. 7, 10./11.1.1976, S. 8. (Zum Film).

2.3.2. Zu »Irreführung der Behörden«

Schultze, Sabine: Offenbarungen aus Ost-Berlin. In: Rhein-Neckar-Zeitung, Nr. 90, 18.4.1973, S. 2.
Paul, Wolfgang: Kein Glück als Hans im Glück. In: Kölnische Rundschau, Nr. 96, 26.4.1973, S. 25.
Reding, Josef: Alltag eines Autors. Ein Stück überzeugender Psychodramatik. In: Nürnberger Nachrichten, Nr. 98 A, 27.4.1973, S. 33.
Schwenk, Hartmut: Mit Widerstand umwerbend. In: Stuttgarter Zeitung, Nr. 98, 28.4.1973, S. 52.
Raddatz, Fritz J.: Julien Sorel für arme Leute. In: Süddeutsche Zeitung, Nr. 103, 5./6.5. 1973, S. 53.
Michaelis, Rolf: Achtung: Falltür! In: Frankfurter Allgemeine Zeitung, Nr. 110, 12.5.1973, »Bilder und Zeiten«, S. V.
Jacobs, Jürgen: Taugenichts in Ost-Berlin. Die Plagen des Dichters Gregor. In: Kölner Stadt-Anzeiger, Nr. 116, 19./20.5.1973, S. 39.
Reich-Ranicki, Marcel: Liebe zum Mittelmaß. In: Die Zeit, Nr. 22, 25.5.1973, S. 25.
Jokostra, Peter: Hart an der Grenze zum Trivialen. In: Rheinische Post, Düsseldorf, Nr. 127, 2.6.1973, »RP am Sonntag«, S. X.
Bachmann, Klaus Robert: Wie man sich durch die Existenz mogelt. In: Badische Zeitung, Freiburg/Br., Nr. 126, 2./3.6.1973, »Gestern und heute«, S. IV.
Scheller, Wolf: Irreführung für beide Deutschland. In: Die Presse, Wien, Nr. 7555, 9./ 10.6.1973, S. 21.
Engel, Willem P.: Beispiele, die nicht beispielhaft sind. In: General-Anzeiger, Bonn, Nr. 25390, 14.6.1973, »Literaturblatt«, S. II.
Goertz, Heinrich: Vom Schreiben in der DDR. In: Hannoversche Allgemeine Zeitung, Nr. 144, 24.6.1973, »Der siebente Tag«, S. V.
Krättli, Anton: »Irreführung der Behörden«. In: Neue Zürcher Zeitung, Nr. 332, 20.7. 1973, S. 21.
Eichler, Wilfriede: Weil Gregor Bieneck es sich zu leicht macht... In: National-Zeitung, Berlin/DDR, Nr. 171, 22.7.1973, S. 7.
Kraus, Candida: Anpassung heißt die Parole des Erfolgs. In: Tages-Anzeiger, Zürich, Nr. 175, 31.7.1973, S. 17.
Quack, Josef: Frohsinn um welchen Preis? In: Frankfurter Hefte. 1973. H. 8. S. 593–594.
Keckeis, Johann: Ausbruch aus dem Mittelmass? In: Zürichsee- Zeitung, Stäfa, Nr. 183, 10.8.1973, S. 17.
Melchert, Rulo: »Gebe ich Ihnen jetzt einen Rat«. In: Junge Welt, Berlin/DDR, Nr. 189, 10.8.1973, S. 11–12.
Werth, Wolfgang: Ein Lohnschreiber macht Karriere. In: Deutsche Zeitung, Nr. 33, 17.8.1973, S. 13.
Tschörtner, Heinz-Dieter: Sorgen der Gesell-

schaft. In: Der Morgen, Berlin/DDR, Nr. 194, 18.8.1973, S. 7.
Neubert, Werner: Nachdem sich's »weggelesen« hat... In: Berliner Zeitung, Nr. 248, 8.9.1973, S. 6.
Langer, Horst: Der einzelne und das große Ganze. In: Schweriner Volkszeitung, Nr. 219, 14.9.1973, S. 11–12.
Liersch, Werner: »Irreführung der Behörden«. In: Sonntag. Kulturpolitische Wochenzeitung, Berlin/DDR, Nr. 39, 30.9. 1973, S. 6.
Bernhard, Hans Joachim: Gregor, der Lügner. In: Neue Deutsche Literatur. 1973. H. 10. S. 118–123.
Geisler, Anni: »Irreführung der Behörden«. Aufstieg und Enttäuschung des Gregor Bieneck. In: Neuer Tag, Frankfurt/Oder, Nr. 268, 10.11.1973. »Unsere Zeit«, S. IV.
Waldmann, Walter: Gregor der Lügner. In: Ostsee-Zeitung, Rostock, Nr. 244, 13./ 14.10.1973, »OZ Wochenend«, S. VI.
Guldan, Margarete: Mit Lust und List. In: Die Stimme, Frankfurt/M., Nr. 23, 1.12.1973, S. 370–371.
Hähnel, Klaus-Dieter: Jurek Becker: »Irreführung der Behörden«. In: Weimarer Beiträge. 1974. H. 1. S. 149–153.
Ramseger, Georg: Ein »ausgezeichneter« Erzähler. In: St. Galler Tagblatt, Nr. 86, 14.4.1974, »Zeitlupe«, S. XV.
Ulrich, Jörg: Irreführung der DDR-Behörden. In: Münchner Merkur, Nr. 109, 11./ 12.5.1974, S. 28.
Lübbe, Peter: Herausforderung des Opportunismus? In: Deutschland Archiv. 1974. H. 12. S. 1305–1307.

2.3.3. Zu »Der Boxer«

Plavius, Heinz: Jakob, der Boxer. In: Berliner Zeitung, Nr. 191, 12.8.1976, S. 6.
Stade, Heinz: Geschichte eines im Leben zu Boden Gegangenen. In: Das Volk, Erfurt, Nr. 203, 26.8.1976, S. 6.
Corino, Karl: Warum floh Mark in den Westen? In: Stuttgarter Zeitung, Nr. 211, 11.9.1976, S. 50.
von der Grün, Max: Die Zeit nach dem Lager. In: Deutsche Volkszeitung, Nr. 38, 16.9. 1976, S. 20.
Raddatz, Fritz J.: Die eigene Wahrheit zugeschüttet. In: Die Zeit, Nr. 39, 17.9.1976, S. 20.
Ross, Werner: Das Opfer schlägt zu. In: Deutsche Zeitung, Nr. 38, 17.9.1976, »Literatur«, S. II.
Gote, Uta: Sein Gegner war die Müdigkeit. In: Hannoversche Allgemeine Zeitung, Nr. 294, 18./19.9.1976, »Der siebente Tag«, S. II.
Schreiber, Mathias: Keine Lust mehr auf das Leben. In: Kölner Stadt-Anzeiger, Nr. 215, 25./26.9.1976, »Bunte Blätter«, S. VII.
Vormweg, Heinrich: Ein zerbrochenes Leben. In: Süddeutsche Zeitung, Nr. 223, 25./ 26.9.1976, S. 94.
Lerchner, Beate: Plädoyer für die Kunst, miteinander reden zu können. In: Leipziger Volkszeitung, Nr. 235, 2./3.10.1976, »In freien Stunden«, S. XII.
Scheller, Wolf: Väter und Söhne – ein Denkmal. In: Die Presse, Wien, 9./ 10.10.1976, »Spectrum«, S. V.
Ebert, Günter: Toleranz. In: Freie Erde, Neubrandenburg, Nr. 252, 22.10.1976, »Prisma«, S. III.
Oplatka, Andreas: Geschichten um eine These. In: Neue Zürcher Zeitung, Nr. 248, 23.10.1976, S. 41.
Lüdke, W. Martin: Über das Recht zu scheitern. In: Frankfurter Rundschau, Nr. 245, 30.10.1976, »Zeit und Bild«, S. II.
Seybold, Eberhard: Hunger und Schläge verfolgen dich. In: Frankfurter Neue Presse, Nr. 245, 30.10.1976, S. 6.
Heimberger, Bernd: Porträt einer Persönlichkeit. In: Kulturelles Leben, Berlin/DDR. 1976. H. 11. S. 31.
Zschocke, Gerda: »Der Boxer«. In: Sonntag. Kulturpolitische Wochenzeitung, Berlin/ DDR, Nr. 45, 7.11.1976, S. 3.
Zwerenz, Gerhard: Erinnerungen an Leiden und Laster. In: Nürnberger Nachrichten, Nr. 261 A, 13./14.11.1976, »Das neue Buch«, S. III.
Krättli, Anton: Erkundungen über Aron Blank. In: Aargauer Tagblatt, Nr. 279, 27.11.1976, [S. 13].
Villain, Jean: Eine vielschichtige Vater-Sohn-Tragödie. In: Vorwärts. Sozialistische Wochenzeitung, Basel, Nr. 48, 2.12.1976, S. 8.
Schachtsiek-Freitag, Norbert: Porträt eines Opfers des Faschismus. In: Deutsches Allgemeines Sonntagsblatt, Nr. 50, 12.12. 1976, S. 17.
Sauer, Klaus: Ein unpolitischer Held. In: Der Tagesspiegel, Berlin, Nr. 9513, 9.1.1977, S. 43.
Wallmann, Jürgen P.: Merkwürdig blasse Figuren. In: Rheinischer Merkur, Nr. 3, 21.1.1977, S. 17.
Jokostra, Peter: Die Müdigkeit eines Geschlagenen. In: Rheinische Post, Nr. 36, 12.2.1977, »RP am Sonntag«, [S. VIII].
Reich-Ranicki, Marcel: Plädoyer für Jurek Becker. In: Frankfurter Allgemeine Zeitung, Nr. 42, 19.2.1977, »Bilder und Zeiten«, S. V. –. Wiederabdruck u.d.T. »Aus Anlaß eines mißlungenen Buches« in: ders.: Ohne Rabatt. Über Literatur aus der DDR.

Stuttgart (Deutsche Verlags-Anstalt) 1991. S. 261–266.
Dreykorn, Paul: Ein verfehltes Leben? In: Nürnberger Zeitung, Nr. 53, 5.3.1977, »NZ am Wochenende«, S. II.
Bose, Günter: »... das Lager läuft dir hinterher«. In: Badische Zeitung, Freiburg/Br., Nr. 77, 2./3.4.1977, S. 49.
Keckeis, Johann: In Wirklichkeit sitzt du noch im Lager. In: Bündner Zeitung, Chur, Nr. 108, 7.5.1977, S. 27.
Hähnel, Klaus-Dieter: Jurek Beckers »Der Boxer«. In: Weimarer Beiträge. 1977. H. 7. S. 144–150.
Lübbe, Peter: Sieg in der Niederlage? In: Deutschland Archiv. 1977. H. 8. S. 866–868.
Landmann, Salcia: Auf Lebenslügen gebaut. In: Rheinischer Merkur, Nr. 31, 5.8.1977, S. 18.
Maack, Hartwig: Selbstzerstörerische Melancholie. Karl Fruchtmann verfilmte Jurek Becker für das ZDF. In: Der Tagesspiegel, Berlin, Nr. 10471, 2.3.1980, S. 64.

2.3.4. Zu »Schlaflose Tage«

Engels, Günter: In der DDR kein Platz für Querulanten. In: Kölnische Rundschau, Nr. 52, 2.3.1978, S. 7.
Wallmann, Jürgen P.: Ein Lehrer in der DDR. In: Der Tagesspiegel, Berlin, Nr. 9866, 5.3.1978, S. 55.
Becker, Rolf: Anfang der Aufrichtigkeit. In: Der Spiegel, Nr. 10, 6.3.1978, S. 211–212.
Raddatz, Fritz J.: Integre Wahrheit – wahrhafte Literatur. In: Die Zeit, 10.3.1978, S. 31.
Gregor-Dellin, Martin: Erziehung zum Zweifel. In: Frankfurter Allgemeine Zeitung, Nr. 59, 25.3.1978, »Bilder und Zeiten«, S. V.
Dreykorn, Paul: Die Mühe, aufrichtig zu sein. In: Nürnberger Zeitung, Nr. 66, 25.–27.3. 1978, »NZ am Wochenende«, S. II.
Haider, Hans: Ein Mittdreißiger erwacht. In: Die Presse, Wien, Nr. 9004, 29.3.1978, S. 5.
Howald, Stefan: Allgemeines Unbehagen wird genau protokolliert. In: Tages-Anzeiger, Zürich, Nr. 74, 31.3.1978, S. 25.
Meyer, Martin: Zonen und Grenzen. In: Neue Zürcher Zeitung, Nr. 74, 1.4.1978, S. 40.
Schmitt, Hans-Jürgen: Außenseiter wider Willen. In: Deutsche Zeitung, Nr. 15, 7.4.1978, S. 12.
Bilke, Jörg Bernhard: Simrocks Anfechtung. Jurek Becker zeichnet eine gesäuberte »DDR«-Wirklichkeit. In: Die Welt, Nr. 82, 8.4.1978, »Welt-Report«, S. V.
Werth, Wolfgang: Ein DDR-Bürger reformiert sich. In: Süddeutsche Zeitung, Nr. 83, 11.4.1978, S. 34–35.
Pawlik, Peter: Die kleine Freiheit. In: Die Weltwoche, Zürich, Nr. 15, 12.4.1978, S. 57.
Seybold, Eberhard: Wenn ein Lehrer sein Herz spürt. In: Frankfurter Neue Presse, Nr. 74, 12.4.1978, S. 7.
Fink, Humbert: Der Untergang eines Lehrers. In: Der Kurier, Wien, Nr. 107, 17.4.1978, S. 26.
Strässle, Urs: Wider die Missachtung der eigenen Person. In: Aargauer Tagblatt, Nr. 110, 13.5.1978, [S. 15].
Schreiber, Mathias: Ein Lehrer muckt auf. In: Kölner Stadt-Anzeiger, Nr. 103, 13./14.5. 1978, »Bunte Blätter«, S. VII.
Lüdke, W. Martin: Demonstrationsobjekt mit beschränkter Haftung. In: Frankfurter Rundschau, Nr. 110, 27.5.1978, »Zeit und Bild«, S. II.
Paul, Wolfgang: Schlaflose Nächte eines Neubeginns. In: Berliner Morgenpost, Nr. 122, 28.5.1978, S. 9.
Engel, Willem P.: Gedanken und Empfindungen eines Intellektuellen in der DDR. In: Kieler Nachrichten, Nr. 124, 31.5.1978, S. 10.
Zeller, Michael: Geschichte eines doppelten Scheiterns. In: Literatur konkret. 1978. H. 2. S. 40–41.
Rothschild, Thomas: Ausgeflippt – Variante Ost. In: Evangelische Kommentare. 1978. H. 6. S. 372–373.
Linsmeyer, Charles: Enttäuschte Hoffnungen. In: Der Bund, Bern, Nr. 127, 3.6.1978, »Der kleine Bund«, S. I.
Corino, Karl: Abstieg in die herrschende Klasse. In: Stuttgarter Zeitung, Nr. 131, 10.6.1978, S. 50.
Kraft, Martin: Die Krise des einzelnen – und des Systems. In: Der Landbote, Winterthur, Nr. 146, 28.6.1978, S. 35.
Bremer, Thomas: Roman eines Störenfrieds. In: Neue Rundschau. 1978. H. 3. S. 470–476.
Klaus, Rudolf U.: Ein unkritischer Roman eines Preisgekrönten aus der DDR. In: Die Presse, Wien, Nr. 9087, 8./9.7.1978, S. 20.
Krebs, Hans: Zwischen Kafka und Kohlhaas. In: Augsburger Allgemeine, Nr. 166, 29./30.7.1978, »Magazin«, S. 16.
Timm, Uwe: Die Zeit der kleinen und der großen Kämpfe. In: Deutsche Volkszeitung, Nr. 34, 24.8.1978, S. 14.
Rossade, Werner: Entscheidung für ein neues Leben. In: Deutschland Archiv. 1979. H. 5. S. 525–530.

2.3.5. Zu »Nach der ersten Zukunft«

Bilke, Jörg Bernhard: »Kongreß der unbedingt Zukunftsfrohen«. In: Die Welt, Nr. 226, 27.9.1980, S. V.

Kraft, Martin: »Nach der ersten Zukunft«. In: Der Landbote, Winterthur, Nr. 224, 27.9. 1980, S. 33.
Demetz, Peter: In der Rolle des Feindes. In: Frankfurter Allgemeine Zeitung, Nr. 231, 4.10.1980, »Bilder und Zeiten«, S. V.
Reitze, Paul F.: Jakobs Lüge und der Drang zur Wahrheit. In: Rheinischer Merkur/ Christ und Welt, Nr. 41, 10.10.1980, S. 37.
Arnold, Heinz Ludwig: Erzählte Wirklichkeit, Wahrheit unter Zwang. In: Deutsches Allgemeines Sonntagsblatt, Nr. 41, 12.10. 1980, S. 24.
Steffens, Günter: »Der Nachteil eines Vorteils«. In: Merkur. 1980. H. 390 (Nov). S. 1157–1162.
Werth, Wolfgang: Das Pinguin-Syndrom. In: Süddeutsche Zeitung, Nr. 255, 4.11.1980, S. 43.
Wilmes, Hartmut: Alptraum von mächtigen Ämtern. In: Kölnische Rundschau, Nr. 276, 26.11.1980, »Literaturbeilage«, S. III.
Meyer, Martin: Ins Unvertraute. In: Neue Zürcher Zeitung, Nr. 278, 29.11.1980, S. 45.
Bielefeld, Claus-Ulrich: Schrecken im Alltag. In: Der Tagesspiegel, Berlin, Nr. 10704, 7.12.1980, S. 60.
Hammerstein, Dorothee: Fingerübungen, Kunststückchen. In: Badische Zeitung, Freiburg/Br., Nr.286, 10.12.1980, S. 8.
Seybold, Eberhard: Mit dem Bücherregal fängt das Unglück an. In: Frankfurter Neue Presse, Nr. 288, 11.12.1980, S. 13.
Jahnke, Manfred: Die kindliche Unschuld verloren. In: Südwest-Presse. Schwäbisches Tagblatt, Tübingen, Nr. 1, 2.1.1981, [S. 15].
Bruckner, Dietmar: Bilanz der Hoffnungen. In: Nürnberger Zeitung, Nr. 2, 3./4.1.1981, »NZ am Wochenende«, S. II.
Mudrich, Heinz: Deutscher – ›fast exotisch‹. In: Saarbrücker Zeitung, Nr. 7, 9.1.1981, »SZ-Journal«, S. IV.
Kück, Michael: Der Abstand wird größer. In: Hannoversche Allgemeine Zeitung, Nr. 26, 31.1./1.2.1981, »Der siebente Tag«, S. IV.
Körling, Martha Christine: Falscher Clown auf falscher Bühne. In: Berliner Morgenpost, Nr. 30, 5.2.1981, S. 9.
Cordes, Ilse: Von hintergründigen Berichten. In: Cuxhavener Nachrichten, Nr. 55, 6.3. 1981, S. 23.
Lewy, Hermann: Von Lustlosigkeit überschattet. In: Allgemeine Jüdische Wochenzeitung, Nr. 30, 24.7.1981, S. 8.

2.3.6. Zu »Aller Welt Freund«

Lüdke, W. Martin: Ein starker Abgang? In: Der Spiegel, Nr. 39, 27.9.1982, S. 237–239.
Fink, Adolf: Hoffnung aus dem Mißlingen. In: Lesezeichen. Zeitschrift für neue Literatur. 1982. H. 5 (Okt.). S. 3.
Hage, Volker: Die Nase voll von dieser Welt – von welcher? In: Frankfurter Allgemeine Zeitung, Nr. 230, 5.10.1982, »Literatur«, S. II.
Ulrich, Jörg: Aller Welt Freund vergißt die Nächstenliebe. In: Münchner Merkur, Nr. 230, 6.10.1982, »Das neue Buch«, S. XI.
Rothschild, Thomas: Die vergebliche Suche nach Zufriedenheit. In: Frankfurter Rundschau, Nr. 231, 6.10.1982, S. 16.
Gundlach, Jens: Der brave Herr Kilian, dem keiner helfen kann. In: Hannoversche Allgemeine Zeitung, Nr. 235, 9./10.10.1982, »Der siebente Tag«, S. II.
Hartl, Edwin: Jurek Becker, der famose Lügner. In: Die Presse, Wien, Nr. 10368, 9./10.10.1982, »Spectrum«, S. VI.
Bilke, Jörg Bernhard: Die neuen Leiden des Redakteurs Kilian. In: Die Welt, Nr. 241, 16.10.1982, »Geistige Welt«, S. V.
Ramseger, Georg: Die Einsamkeit des Einzelnen. In: St. Galler Tagblatt, Nr. 246, 21.10. 1982, S. 19.
Schlodder, Holger: Rhetorisch brillanter Weltschmerz. In: Darmstädter Echo, Nr. 246, 23.10.1982, »Magazin«, S. IV.
Solcher, Liselotte: Lachen über den Todernst dieser Welt. In: Augsburger Allgemeine, Nr. 245, 23./24.10.1982, »Magazin«, S. II.
Wallmann, Jürgen P.: Weil Gott zu wenig Service bringt. In: Saarbrücker Zeitung, Nr. 256, 4.11.1982, »SZ-Journal«, S. VII.
Scheller, Wolf: Tendenz lustlos. In: Nürnberger Nachrichten, Nr. 256 N, 5.11.1982, S. 27.
Ullrich, Gisela: Unselig sind die Friedfertigen. In: Stuttgarter Nachrichten, Nr. 257, 8.11. 1982, S. 13.
Helbling, Hanno: Auf Ironie gestellt. In: Neue Zürcher Zeitung, Nr. 264, 13.11.1982, S. 45.
Paul, Wolfgang: Das ganze Leben – nur eine einzige schlechte Nachricht. In: Berliner Morgenpost, Nr. 269, 19.11.1982, S. 9.
Stern, Friedrich G.: Sogar Selbstmördern legt man Steine in den Weg. In: Nürnberger Zeitung, Nr. 268, 20./21.11.1982, »Literatur 82«, S. 46.
Schachtsiek, Norbert: Diese fatale Sache mit Kilian. In: Kölnische Rundschau, Nr. 272, 24.11.1982, »Literaturbeilage«, S. II.
Seybold, Eberhard: Begegnung mit Gretchen Kosanke. In: Frankfurter Neue Presse, Nr. 301, 29.12.1982, S. 9.
Stamer, Uwe: Mit viel Humor. In: Stuttgarter Zeitung, Nr. 301, 31.12.1982, S. 40.
Böttcher, Wolfgang Michael: Von falsch verstandener Harmonie. In: Allgemeine Jüdische Wochenzeitung, Nr. 10, 11.3. 1983, S. 6.

Scheidegger, Urs W.: Mit besonders leiser Stimme. In: Solothurner Zeitung, Nr. 81, 8.4.1983, S. 25.

Sparre, Sulamith: Die eigenen Möglichkeiten verschüttet. In: Frankfurter Hefte. 1983. H. 7. S. 71–73.

Florstedt, Renate: Ein Allerweltsfreund? In: Leipziger Volkszeitung, Nr. 13, 28./29.1. 1984, S. 13.

2.3.7. Zu »Bronsteins Kinder«

Beckelmann, Jürgen: Tod eines Selbstgerechten. In: Nürnberger Nachrichten, Nr. 193 A, 23./24.8.1986, S. 17.

Bott, Marie-Luise: Aus den Opfern sind Täter geworden. In: Badische Zeitung, Freiburg/Br., Nr. 215, 18.9.1986, S. 7.

Franke, Konrad: Opfer für immer. In: Süddeutsche Zeitung, Nr. 216, 20./21.9.1986, S. 168.

Mudrich, Heinz: Hans im Unglück. Leben mit der KZ-Last. In: Saarbrücker Zeitung, Nr. 222, 25.9.1986, »SZ-Journal«, S. VIII.

Jentzsch, Bernd: Jurek Beckers Kinder entlassen die Revolution. In: Die Welt, Nr. 227, 30.9.1986, »Welt des Buches«, S. V.

Thomalla, Ariane: Späte Gewalttätigkeit der Opfer. In: General-Anzeiger, Bonn, Nr. 29400 30.9.1986, »Literatur«, S. I.

Wittstock, Uwe: Der Jude Hans im Unglück. In: Frankfurter Allgemeine Zeitung, Nr. 226, 30.9.1986, »Literatur«, S. IV.

Lindenberger, Herbert: Unerwartete Gäste. In: Stuttgarter Zeitung, Nr. 226, 1.10.1986, S. 40.

Lüdke, Martin: Der Ton macht, nicht immer, die Musik. In: Lesezeichen. 1986. H. 13. S. 21–23.

Hage, Volker: Wie ich ein Deutscher wurde. Eine Begegnung mit Jurek Becker in Berlin und Anmerkungen zu seinem Roman »Bronsteins Kinder«. In: Die Zeit, Nr. 41, 3.10.1986, »Literatur«, S. I–II.

Haubrich, Joachim: Vergelten oder vergeben? In: Wiesbadener Kurier, Nr. 229, 3.10.1986, »Literatur«, S. XVIII.

Strech, Heiko: Die tiefe Heiterkeit der Schwermut. In: Tages-Anzeiger, Zürich, Nr. 233, 8.10.1986, S. 13.

Wallmann, Jürgen P.: Rache in eigener Regie. In: Rheinischer Merkur/Christ und Welt, Nr. 43, 17.10.1986, S. 21.

Jokostra, Peter: Drei jüdische Opfer als Richter. In: Rheinische Post, Nr. 242, 18.10.1986, »RP am Sonntag«, S. IV.

Schmitz-Burckhardt, Barbara: Im Schatten der Geschichte. In: Frankfurter Rundschau, Nr. 242, 18.10.1986, »Zeit und Bild«, S. IV.

Rammer, Stefan: Jurek Becker: »Bronsteins Kinder«. In: Passauer Pegasus. 1986. H. 10. S. 126–129.

Jacobs, Boike: Die nie benutzten Türen. In: Allgemeine Jüdische Wochenzeitung, Nr. 45, 7.11.1986, S. 7.

Gies, Marita: Hans zwischen zwei Stühlen. In: Die Rheinpfalz, Ludwigshafen, Nr. 268, 20.11.1986, »Das Buch«, S. VII.

Goetschel, Willi: Vergangenheitsbewältigung – von seiten der Opfer. In: Aufbau, New York, Nr. 47/48, 21.11.1986, S. 11.

Dreykorn, Paul: Opfer des Unerträglichen. In: Nürnberger Zeitung, Nr. 269, 22./23.11. 1986, »Literatur 86«, S. VI.

Reus, Günter: Das Glück sieht ganz anders aus. In: Frankfurter Neue Presse, Nr. 275, 27.11.1986, S. I.

Jacobs, Jürgen: Nach der Katastrophe. In: Kölner Stadt-Anzeiger, Nr. 280, 2.12.1986, »Buchbeilage«, S. II.

Linden, Thomas: Gezeichnet vom Leid der Eltern. In: Kölnische Rundschau, Nr. 282, 4.12.1986, S. XV.

Matt, Beatrice von: Wachsende Finsternis. In: Neue Zürcher Zeitung, Nr. 294, 19.12.1986, S. 47.

Scheller, Wolf: Sprachlosigkeit zwischen den Generationen. In: Die Presse, Wien, Nr. 11643, 3./4.1.1987, »spectrum«, S. VIII.

Mohr, Peter: Heppners Befreiung. In: Deutsches Allgemeines Sonntagsblatt, Nr. 1, 4.1. 1987, S. 23.

Frehland, Heidi: Die Spuren der Vergangenheit und die Suche nach Identität. In: Badische Neueste Nachrichten, Karlsruhe, Nr. 67, 21.3.1987, »Wochenend Magazin«, S. VI.

Krättli, Anton: »Gebt mir das steinerne Herz«. In: Schweizer Monatshefte. 1987. H. 5. S. 407–410.

Kraft, Martin: Die Vergangenheit ist nicht bewältigt. In: Der Landbote, Winterthur, Nr. 99, 7.5.1987, S. 30.

Melchert, Rulo: »Bronsteins Kinder«. In: Sonntag. Kulturpolitische Wochenzeitung, Berlin/DDR, Nr. 12, 20.3.1988, S. 4.

Schmidt, Sigurd: Erzählen als Dialogbereitschaft. In: Ostsee-Zeitung, Rostock, Nr. 102, 30.4./1.5.1988, »OZ Wochenend«. S. V.

Bernhard, Hans Joachim: Die Eingangstür zur Phantasie des Lesers. In: Neue Deutsche Literatur. 1988. H. 5. S. 137–141.

Berger, Christel: Von der Last der Vergangenheit. In: Berliner Zeitung, Nr. 176, 27.7. 1988, S. 7.

Baumann, Christiane: Spuren aus der Vergangenheit. In: Liberal-Demokratische Zeitung, Halle, Nr. 224, 15.10.1988, S. 4.

Rossade, Werner: Vergangenheitsbewältigung in der DDR. In: Deutschland Archiv. 1989. H. 5. S. 576–580.

2.3.8. Zu den Frankfurter Poetik-Vorlesungen

Spieles, Martin: »Warnung vor dem Schriftsteller«. Jurek Becker ist Gastdozent für Poetik im Sommersemester. In: Uni-Report, Frankfurt/M., Nr. 4, 10.5.1989, S. 1.
Fink, Adolf: Lieber Vogel als Ornithologe. Jurek Becker beginnt Poetik-Dozentur. In: Frankfurter Allgemeine Zeitung, Nr. 119, 26.5.1989, S. 40.
Hieber, Jochen: Zwischen Zensur und Kommerz. In: Frankfurter Allgemeine Zeitung, Nr. 130, 8.6.1989, S. 33.
Auffermann, Verena: Jurek Becker sieht schwarz. In: Süddeutsche Zeitung, Nr. 132, 12.6.1989, S. 28.
Eyring, Georg: Von Fürstenhäusern und Currywürsten. »Warnung vor dem Schriftsteller«: Jurek Beckers Poetikvorlesungen – noch ein Nachwort zur DDR-Literatur. In: Die Zeit, Nr. 41, 5.10.1990, »Literatur«, S. II.
Stuber, Manfred: Dichter in Deutschland: Immer auf verlorenem Posten? In: Mittelbayerische Zeitung, Regensburg, Nr. 239, 6.10.1990, »Das neue Buch«, S. IV.
Rothschild, Thomas: Vom Doppelpunkt. Jurek Beckers Poetik. In: Stuttgarter Zeitung, Nr. 288, 14.12.1990, S. 30.

Jurek Becker, geboren am 30.9.1937 in Lodz (Polen), erlebte seine Kindheit in Ghetto und KZ; erst 1945, als er mit seinem Vater nach Berlin kam, lernte er Deutsch. Nach dem Abitur studierte er Philosophie. Von 1960 bis Ende 1977 lebte er als freier Schriftsteller in Ost-Berlin. Von 1957 bis zu seinem Ausschluß 1976, wegen des Protests gegen die Ausbürgerung von Wolf Biermann, war er Mitglied der SED. Im Frühjahr 1977 trat er aus Protest gegen die Haltung der Partei aus dem Schriftstellerverband der DDR aus. Seit Ende 1977 lebt er, während des Bestehens der DDR mit Genehmigung von deren Behörden, in Westdeutschland, vorwiegend in West-Berlin. 1978 längerer Aufenthalt in den USA. Mitglied der Deutschen Akademie für Sprache und Dichtung, Darmstadt, und der Akademie der Künste, Berlin. Seit 1960 schreibt er Filmdrehbücher, Fernsehspiele und -serien, Kabarett-texte, Erzählungen und Romane.
Preise: Heinrich-Mann-Preis (1971); Charles-Veillon-Preis (1971); Literaturpreis der Freien Hansestadt Bremen (1974); Nationalpreis der DDR (1975); Stadtschreiber von Bergen-Enkheim (1982); Adolf-Grimme-Preis in Gold (1987); Adolf-Grimme-Preis in Silber (1988); Bayrischer Fernsehpreis (1990); Hans-Fallada-Preis (1990); Bundesfilmpreis – Filmband in Gold (1991).

*

Peter Hanenberg, geboren 1961; Studium der Germanistik und Philosophie in Tübingen und Bamberg, Wissenschaftlicher Mitarbeiter am Lehrstuhl für Neuere Deutsche Literaturwissenschaft der Universität Bamberg. Veröffentlichungen u.a. zur Literatur nach 1945; »Geschichte im Werk Wolfgang Hildesheimers« (1989).

Irene Heidelberger-Leonard, geboren 1944 während der Emigration ihrer Eltern in Frankreich, lebte von 1950 bis 1963 in Deutschland, von 1963 bis 1980 in London, wo sie Germanistik und Romanistik studierte; Lehraufträge an der University of London. Seit 1980 Professorin an der Université Libre de Bruxelles. Veröffentlichungen u.a.: »Günter Grass« (1974); »Alfred Andersch: Die ästhetische Position als politisches Gewissen« (1986); »Jean Améry« (Hg., 1990); »Jurek Becker« (Hg., in Vorbereitung); Gastredakteurin des TEXT + KRITIK-Heftes (Nr. 99) über Jean Améry; zahlreiche Aufsätze u.a. zu Grass, Andersch, J. Améry, Bachmann, P. Weiss und Christa Wolf.

Hannes Krauss, geboren 1945; Akademischer Rat für Germanistik an der Universität Essen, Arbeitsschwerpunkt »Gegenwartsliteratur«. Veröffentlichungen zur Literatur der DDR und zur Literaturdidaktik, literaturkritische und journalistische Arbeiten in Zeitschriften und im Rundfunk.

Martin Krumbholz, geboren 1954; Studium der Literaturwissenschaft in Bochum und München; Promotion mit einer Arbeit über »Ironie im zeitgenössischen Ich-Roman – Grass, Walser, Böll«; lebt als freier Autor in Göttingen.

Helmut Schmiedt, geboren 1950; Apl. Professor für Neuere deutsche Literaturwissenschaft an der Universität Bonn. Veröffentlichungen über Karl May und zur Literaturpsychologie, Aufsätze und Rezensionen zur deutschen Literatur seit dem 18. Jahrhundert.

Oliver Sill, geboren 1957; Studium der Germanistik, Geschichte und Erziehungswissenschaften in Münster; Promotion 1990; Lehrbeauftragter an der Universität Münster. Veröffentlichungen: »Zerbrochene Spiegel. Studien zu Theorie und Praxis modernen autobiographischen Erzählens« (1991); »Jugend zwischen Aufstieg und Ausstieg« (zusammen mit Dieter Hoffmeister, 1991); zahlreiche Aufsätze und Rezensionen.

Nicolai Riedel, geboren 1952; Studium der Germanistik und der Philosophie an der Universität Mannheim; Staatsexamen und Promotion; 1980 bis 1989 Lehr- und Forschungstätigkeit an der Universität Passau, zuletzt als Akademischer Rat; seither Wissenschaftlicher Mitarbeiter in der Bibliothek des Deutschen Literaturarchivs in Marbach. Veröffentlichungen u.a.: Bibliographien, Lexikonartikel, Rezensionen und Essays; Herausgeber des »Internationalen Uwe-Johnson-Forums« und Mitherausgeber der Literaturzeitschrift »Passauer Pegasus«.

DIE RAMPE

manuskripte Nr. 117/'92

mit Beiträgen von:

u.a.
R. P. Arlati, Frederick Barthelme,
Dorothea Dieckmann, Günter Eichberger,
Günther Freitag, Zsuzsanna Gahse,
Peter Hamm, Ulrich Holbein,
László Krasnahorkai, Michael Krüger,
Michael Hamburger, Hans-Jürgen Heinrichs,
Konrad Paul Liessmann,
Friederike Mayröcker, Henri Michaux,
Milan Richter, Peter Rosei, Evelyn Schlag,
Werner Schwab, Peter Waterhouse,
Wolfgang Wenger.

Beilage: Günter Brus

Foto: Thomas Mann Archiv, Zürich

TEXT+KRITIK

Die Reihe über Autoren

Günter Grass
(1) 6. Aufl.,
164 S., DM 28,-

Hans Henny Jahnn
(2/3) 3. Aufl.,
160 S., DM 15,-

Georg Trakl
(4/4a) 4. Aufl.,
123 S., DM 17,50

Günter Eich
(5) z. Zt. vergriffen

Ingeborg Bachmann
(6) z. Zt. vergriffen

Andreas Gryphius
(7/8) 2. Aufl.,
130 S., DM 15,-

Politische Lyrik
(9/9a) 3. Aufl.,
111 S., DM 14,50

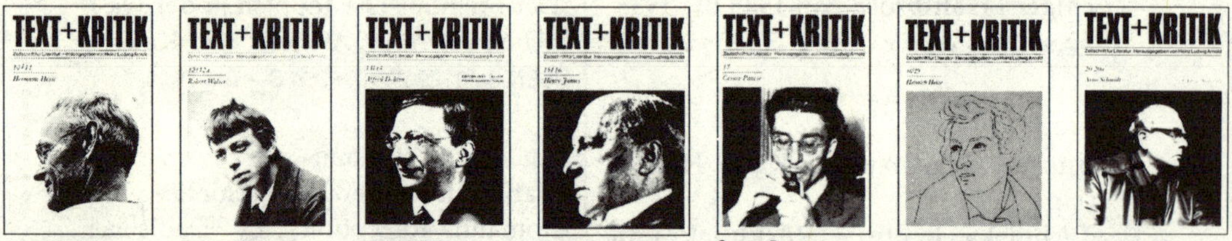

Hermann Hesse
(10/11) 2. Aufl.,
132 S., DM 17,50

Robert Walser
(12/12a) 3 Aufl.,
85 S., DM 12,-

Alfred Döblin
(13/14) 2. Aufl.,
80 S., DM 8,80

Henry James
(15/16) vergriffen

Cesare Pavese
(17) vergriffen

Heinrich Heine
(18/19) 4. Aufl.,
203 S., DM 21,50

Arno Schmidt
(20/20a) 4. Aufl.,
221 S., DM 34,-

Robert Musil
(21/22) 3. Aufl.,
179 S., DM 22,-

Nelly Sachs
(23) 2. Aufl.,
60 S., DM 8,-

Peter Handke
(24) 5. Aufl.
151 S., DM 29,50

Konkrete Poesie I
(25) vergriffen

Lessing contra Goeze
(26/27) vergriffen

Elias Canetti
(28) 3. Aufl.
88 S., DM 13,50

Kurt Tucholsky
(29) 3. Aufl.,
103 S., DM 16,-

Konkrete Poesie II
(30) vergriffen

Walter Benjamin
(31/32) z. Zt. vergriffen

Heinrich Böll
(33) 3. Aufl.,
156 S., DM 18,50

Wolfgang Koeppen
(34) vergriffen

Kurt Schwitters
(35/36) 87 S., DM 8,80

Peter Weiss
(37) 2. Aufl.,
136 S., DM 17,50

Anna Seghers
(38) 2. Aufl.
149 S., DM 18,50

Georg Lukács
(39/40) 90 S., DM 9,80

Martin Walser
(41/42) 2. Aufl.,
117 S., DM 15,-

Thomas Bernhard
(43) 3. Aufl.,
153 S., DM 33,--

Gottfried Benn
(44) 2. Aufl.,
168 S., DM 22,50

Max von der Grün
(45) vergriffen

Christa Wolf
(46) 3. Aufl.,
136 S., DM 19,50

Max Frisch
(47/48) 3. Aufl.
152 S., DM 17,50

H. M. Enzensberger
(49) 2. Aufl.,
133 S., DM 18,50

Friedrich Dürrenmatt I
(50/51) 2. Aufl.,
141 S., DM 15,-

Siegfried Lenz
(52) 2. Aufl.
88 S., DM 12,-

Paul Celan
(53/54) 2. Aufl.
152 S., DM 21,-

Volker Braun
(55) 65 S., DM 6,50

Friedrich Dürrenmatt II, 2. Aufl.,
(56) 91 S., DM 14,-

Franz Xaver Kroetz
(57) vergriffen

TEXT+KRITIK

Die Reihe über Autoren

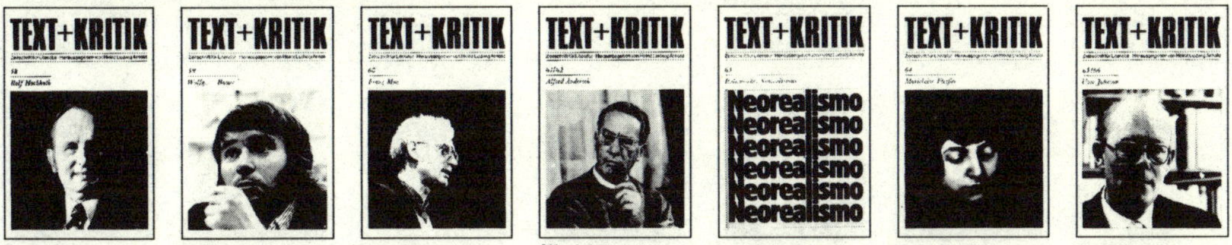

Rolf Hochhuth
(58) 67 S., DM 8,–

Wolfgang Bauer
(59) 53.S., DM 8,–

Franz Mon
(60) 80 S., DM 9,80

Alfred Andersch
(61/62) vergriffen

Ital. Neorealismus
(63) 78 S., DM 9,80

Marieluise Fleißer
(64) 95 S., DM 12,–

Uwe Johnson
(65/66) 128 S., DM 15,–

Egon Erwin Kisch
(67) 63 S., DM 8,–

Siegfried Kracauer
(68) 90 S., DM 12,–

Helmut Heißenbüttel
(69/70) 126 S., DM 15,–

Rolf Dieter Brinkmann
(71) 102 S., DM 13,50

Hubert Fichte
(72) 118 S., DM 13,50

Heiner Müller
(73) 97 S., DM 13,50

Joh. Christian Günther
(74/75) 142 S., DM 18,50

Ernst Weiß
(76) 88 S., DM 12,–

Karl Krolow
(77) 95 S., DM 13,50

Walter Mehring
(78) 83 S., DM 12,50

Lion Feuchtwanger
(79/80) 148 S., DM 18,50

Botho Strauß
(81) 111 S., DM 14,50

Erich Arendt
(82/83) 155 S., DM 19,50

Friederike Mayröcker
(84) 98 S., DM 14,50

Alexander Kluge
(85/86) 166 S., DM 19,50

Carl Sternheim
(87) 112 S., DM 15,50

Dieter Wellershoff
(88) 116 S., DM 16,–

Wolfgang Hildesheimer
(89/90) 141 S., DM 19,50

Erich Fried
(91) 135 S., DM 18,50

Hans/Jean Arp
(92) 119 S., DM 16,50

Klaus Mann
(93/94) 141 S., DM 21,–

Carl Einstein
(95) 103 S., DM 15,50

Ernst Meister
(96) 98 S., DM 16,–

Peter Rühmkorf
(97) 94 S., DM 16,–

Herbert Marcuse
(98) 123 S., DM 18,50

Jean Améry
(99) 85 S., DM 15,50

Über Literaturkritik
(100) 112 S., DM 16,50

Sarah Kirsch
(101) 104 S., DM 17,50

B. Traven
(102) 100 S., DM 17,50

Rainer Werner Fassbinder
(103) 102 S., DM 18,––

Arnold Zweig
(104) 105 S., DM 18,––

Ernst Jünger
(105/106) vergriffen

Eckhard Henscheid
(107) 96 S., DM 18,––

MachtApparatLiteratur Literatur und >Stalinismus<
(108) 100 S., DM 19,-

Günter Kunert
(109) 95 S., DM 19,––